韓国・朝鮮植民地支配と日本の戦争

三・一独立運動100年から考える

赤旗編集局─編

新日本出版社

はじめに

「100年前の今日、我々は一つでした」。文在寅《ムンジェイン》韓国大統領は記念演説をこう切り出しました。3月1日、韓国・ソウルの光化門広場で開かれた「三・一独立運動」100年を記念する式典。文大統領は1919年から100年の歴史を振り返り、未来への課題と展望を語りました。三・一運動の主役が労働者、農民、婦女子から学生、妓生、僧侶らにいたる平凡な市民だったことを紹介し、次のように続けました。

「その日、我々は王朝と植民地の百姓から、共和国の国民へと生まれ変わりました。独立と解放を超え、民主共和国のため偉大な旅路を歩み始めました」「100年前の今日、南も北もありませんでした。ソウルと平壌、鎮南浦と安州、宣川と義州、元山まで、同じ日に万歳の声がわきあがり、全国各地に野火のように広がっていきました」…

その日から100年目の3月1日、ソウルは朝から祝祭ムードに包まれました。市内各所で100年を記念する各種各団体による集会が開かれ、光化門広場をめざしデモ行進、パレードが続きました。チマやパジ、チョゴリの民族衣装の人たちが伝統音楽や踊りで練り歩く…。韓国にとって3・1は、日本からの解放を祝う8・15光復記念日にならぶ国民的慶祝日です。まるで7月4日のアメリカ独立記念日、7月14日のフランス革命記念日のように。

光化門広場が、朴槿恵《パククネ》前政権を退陣に追い込み文在寅政権を生み出した、いわゆる「ろうそく革命」の舞台となったことも、市民的盛り上がりの背景となっています。文大統領も演説で、ろうそく革命に至る戦後の韓国民主化の流れに言及し、「三・一独立運動の精神が民主主義の危機のたびによみがえりました」。そこには、日本の植民地支配に公然と反旗を翻し、独立と民主主義へ足を踏み出した三・一運動の精神を受け継ぐ、韓国民衆の気概が溢れています。

しかし、韓国が米仏と違うのは、朝鮮植民地問題が未決着のまま、いまだ現在進行形の状態で日韓間の鋭いとげとなっていることです。

◇

朝鮮半島の植民地化は日本による侵略と脅迫など軍事的強圧の末、1910年の韓国併合条約によって実現されました。この併合条約は日本が力ずくで韓国に押しつけた不当・不法な条約です。これにより民族の尊厳を踏みにじられた韓国・朝鮮の民衆が、植民地化に抗議し独立と解放を求める思いを爆発させたのが、三・一運動でした。

1945年8月、日本はポツダム宣言を受諾し、植民地朝鮮も解放されました。しかし、その直後から、日本政府は過去の非を認めず、併合条約は合法的に結ばれた、植民地支配は正しかった、日本は朝鮮にいいこともしたという態度を打ち出しました。戦後も一貫して植民地支配を正当化する姿勢を変えず、いまだその清算に背を向け続けているのです。

植民地支配への批判的視点を欠いたままという点では、日本のメディアもまた同罪です。戦前は国家権力と一体となって朝鮮人蔑視・抑圧の片棒を担ぎ、戦後はその反省もなく、植民地支配の清算に背を向ける日本政府に同調する報道を展開してきました。ことが韓国・朝鮮半島がらみになると、テレビも新聞も歩調を合わせたように、居丈高に、口を極めて批判キャンペーンを展開する。その端的な表れが昨年の韓国最高裁判所による徴用工判決をめぐる事態でした。
徴用工―戦時強制動員の問題は、日本の侵略戦争・植民地支配と結びついた重大な人権問題です。問題解決に向け日韓双方が冷静に話し合うことが求められているときに、日本のメディアは安倍政権の対韓強硬姿勢に同調し、対決をあおるような報道に終始したのです。異様な韓国批判キャンペーンはどこに行きつくことになるのか、痛恨の歴史が教えているところです。

◇

本書は２０１８年から19年にかけての「しんぶん赤旗」日刊紙、日曜版から、三・一運動１００年を手がかりに主に日韓関係に焦点を当てた記事を中心に編集されました。これまで発行された赤旗編集局編『語り継ぐ　日本の侵略と植民地支配』（２０１６年3月発行）、『戦争の真実　証言が示す改憲勢力の歴史偽造』（２０１８年4月発行）につづく第3集というべきものです。

前二書は幸い韓国・建国大学のＫＵ中国研究院の翻訳叢書として韓国語版が出版され、〝戦争と侵略の事実に向き合った、日本の良心の声〟として注目されました。本書もまた、侵略戦争と植民地支配の実態の究明と教訓の継承という共通した問題意識のもと、朝鮮半島、中国、沖縄に…と赤旗記者が実際に足を運んでの地道な取材を集積したものです。

本書は３部からなっています。第Ⅰ部は、朝鮮植民地支配で何がやられたのか、三・一運動とは何だったのか、そこから何を学ぶのか―その全体像に迫りました。「三・一独立宣言」とともに、これに先立ち東京・神田で韓国人留学生が発した「２・８独立宣言」をとりあげ、二つの宣言が持つ歴史的、国際的な意義をルポや証言をまじえて明らかにしています。

日韓間の重大課題となっている徴用工問題。動員された朝鮮人が炭鉱や軍需工場で強いられた労働の実態や、日本を含むアジア各地に朝鮮人１００万人以上が動員された事実を体験証言をまじえて紹介しています。戦時強制動員の反人道的な実態は、徴用工問題の責任の所在や解決の方向を考えるうえで不可欠です。「しんぶん赤旗」がなぜ「戦争の真実」の究明と教訓の継承にこだわるのかを語った小木曽陽司編集局長の論考、徴用工問題や日韓関係をめぐる日本のメディアのあり方と責任を問う筆者の記事も掲載しています。

第Ⅱ部「戦争の歴史に向き合う」では、各地に残る日本の侵略戦争の傷跡を訪ねました。中国・海南島のルポは、元慰安婦や強制労働の実態を生々しい証言で紹介。陸軍７３１部隊の下部組織がシンガポールやマレーシアでペスト菌の大量製造の拠点をつくっていた事実の検証や、沖縄戦の真実を70数年間の沈黙を破って語り始めた県民の証言からなっています。

第Ⅲ部「証言・戦争」は、終戦73年に際し２０１８年８月～９月に「赤旗」社会面で連載したものです。陸軍航空隊「隼」搭乗員、インパール作戦、少年農兵隊の体験をはじめ、命からがらの空襲体験など、家族を奪い人生を狂わせた戦争の悲惨と侵略の現場に立たされた痛苦の体験から、戦争を二度と起こさせないために、の強い思いを伝えています。

本書が、いまだに対立が続く日本と韓国・朝鮮関係の根本を考える手がかりになり、歴史問題の解決と日韓の真の友好関係の発展につながることを願ってやみません。

赤旗編集局次長　　近藤正男

韓国・朝鮮植民地支配と日本の戦争——三・一独立運動100年から考える＊目　次

Ⅰ部　三・一独立運動——抑圧への抵抗精神

〈日本と韓国・朝鮮の関係略年表〉

1875年9月	日本軍艦が朝鮮・江華島に侵入（江華島事件）
1876年2月	江華島条約締結
1894年4月	朝鮮で東学農民運動／8月　日清戦争（～95年4月）
1904年2月	日露戦争（～05年9月）
1910年8月	韓国併合、朝鮮総督府設置／9月　土地調査開始
1919年2月	東京で「2・8独立宣言」／3月　朝鮮で三・一独立運動
1920年12月	朝鮮総督府が産米増殖計画実施
1923年9月	関東大震災直後に朝鮮人虐殺事件
1940年2月	「創氏改名」実施
1941年12月	太平洋戦争開始
1942年2月	「官斡旋」による日本への労働動員／5月　朝鮮人への徴兵制導入閣議決定
1944年9月	「徴用」による労働動員
1945年8月	日本敗戦・朝鮮解放
1950年6月	朝鮮戦争開始（53年休戦）
1952年4月	サンフランシスコ条約発効
1965年6月	日韓基本条約調印

1　朝鮮三・一独立運動１００年

（1）独立・自主めざし万歳叫ぶ

日本の植民地だった朝鮮全土で独立・自主を宣言し、民衆が万歳を叫んだ三・一独立万歳運動が、3月1日で１００年となります。ソウル市内のあちこちに記念の横断幕が掲げられ、その日を迎える準備が進んでいます。自主、平和、公正を求め、たたかい抜いた独立運動の精神は、いまも韓国社会に息づいています。

ソウル中心部にある植民地歴史博物館を訪ねると、三・一運動に参加した詩人で小説家の沈薫《シムフン》の予審調書の資料を見ることができます。１９１９年3月1日、京城高等普通学校の生徒だった沈は、友人とともに京城（現・ソウル）のタプコル公園で行われた万歳運動に参加し、逮捕されました。

検事から独立を支持する理由を問われ、沈はこう答えます。

「民族は、他の干渉を受けずに独立して政治をすべきものである」「教育制度が不完全なため、朝鮮人は生存競争の敗者となって、ついには日本人の奴隷となる。朝鮮に対する政治は、文官まで剣を帯同していることを見れば朝鮮人を敵視している。その他、数々の不平がある」

■官憲を配置し武断政治強め

日本が朝鮮を「併合」したのは1910年のことです。朝鮮を支配するための朝鮮総督府が設置されました。陸軍大臣の寺内正毅《まさたけ》は、その地位のまま初代総督に就任。民衆を軍隊と警察力によって統制する「武断政治」で、植民地支配の土台を固めていきます。

全国に武装した憲兵を配置し人々を監視。憲兵は、いまでいう裁判所や税務署、役所など、生活すべてにかかわる任務を担い、絶大な権限を持ち、自由は大きく制限されました。新聞は廃刊、出版物は検閲されるようになり、結社は解散させられました。

11年には朝鮮教育令を公布します。総督府は教育勅語に基づいて、朝鮮人を「忠良なる国民」、つまり天皇への忠誠を尽くす国民になるよう教育しました。学校では朝鮮の地理や歴史は教えず、日本語が国語、日本史が国史となります。

宣言は、このような不法な植民地支配への抗議の声となり、全国に瞬く間に広がっていったのです。

■民族自決への機運が高まる

この時期、民族が自らの意志に基づき、進む道を自らが決めるという「民族自決」への機運が世界的に高まりました。17年にロシア革命が起きて「平和に関する布告」を出し、18年には米国のウィルソン大統領が、第1次世界大戦後の構想として「14カ条」を発表。いずれも民族自決を掲げたものでした。宗教家らは、この世界の流れを朝鮮でも実現しようと、独立宣言書を練り上げます。当日は、学生がタプコル公園で宣言書を朗読。民衆は、独立万歳を叫び、行進しました。

日本政府は警察や軍隊を動員し、弾圧しました。京畿道水原郡（現・華城市）の堤岩里《チエアムニ》教会では、多数の男性教徒を閉じ込めて銃殺し、教会そのものも焼き払うという虐殺事件が発生しました。しかし、手を下した日本の将校は不起訴となります。このようなむごいやり方は、朝鮮の人々を下に見る、日本の朝鮮観が現れた事件だっ

独立を求めてデモ行進する女性たち

独立運動の精神をたたえた「女性像」＝ソウル市中区

たといえます。

　こうして3カ月あまり続いた万歳運動には、全国で約200万人が立ち上がりました。武力によって鎮圧されたものの、日本政府は民衆の力に大きな衝撃を受け、朝鮮総督だった長谷川好道を更迭。表面的ではありましたが、武断政治から文化政治への転換を余儀なくされました。

　また、この流れを受け、宗教者や学生らは4月に上海で、国民主権を主張する臨時政府を設立。45年8月15日の解放後の政府設立に影響を与えました。

■ろうそくへと引き継がれて

　韓国の憲法前文には、三・一運動により建国された大韓民国臨時政府の理念を継承すると記されています。文在寅《ムンジェイン》大統領は昨年の三・一記念日の演説で、臨時政府の憲法には主権が国民にあると明確に刻んであると強調。「韓国を国民が主人である民主共和国にしたのが、まさに三・一運動だ」と語りました。

　李洙勲《イスフン》駐日韓国大使もことしの2月8日、都内で「私たちは植民地と独裁から脱し、国民主権の民主共和国を実現させた。(朴槿恵《パククネ》政権を打倒した)ろうそく集会を通じ、世界でも類を見ない平和的な方法で民主主義を守り抜いた」と胸をはりました。

韓国と北朝鮮の融和が進むなか、宗教者や市民らで構成する「記念事業推進委員会」は18日、記者会見を行い、三・一運動の遺跡の南北共同調査を提案しました。

パク・ナムス常任代表(天道教)は、運動の主導的役割を果たした天道教の拠点が北部に集まっており、「北部で、より徹底して準備され、平壌、鎮南浦など6カ所で万歳運動が起きた」と紹介。三・一運動の精神を、未来への100年を開く取り組みの出発点にしなければならないと語りました。

独立宣言が朗読された八角亭=ソウルのタプコル公園

■日本はどう果たす、加害の責任

三・一運動は、一方の当事者である日本では、あまり知られていません。100年前に朝鮮半島で起きた出来事ですが、契機となったのは日本に留学していた朝鮮人学生による「2・8独立宣言」の発表でした。

1919年2月8日、東京・神田で行われた学生大会で宣言が読み上げられると、警察はその中の27人を逮捕しました。その時、裁判で弁護を務めたのは日本人の弁護士、布施辰治《ふせたつじ》でした。布施は「世の中に一人も見殺しにされていい人はいない」という信念で行動し、裁判でたたかいました。韓国政府は２００４年、独立に寄与した人を称える「建国勲章」を贈っています。

韓国の平和財団理事長の法輪僧侶は、「三・一独立宣言の精神は、抑圧して併合したのは過ちなので、これを正そうということ。日本に対する恨みを持って韓日関係を解決しようというのではない」と強調し、日本側の前向きな取り組みを求めました。

日本政府は、植民地下で起きた朝鮮人徴用工の問題や「慰安婦」問題などについて、解決済みとの立場から、被害者の声に耳を傾けようとしていません。

今年の３月１日は、昨年から続く南北融和や米朝首脳会談など、平和の大きなうねりのなかで迎えます。日本が植民地支配という加害の歴史に正面から向き合い、どう責任を果たすのか、いま問われています。

独立宣言書（抜粋）

わたしたちは、わたしたちの国である朝鮮国が独立国であること、また朝鮮人が自由な民であることを宣言する。このことを世界の人々に伝え、人類が平等であるということの大切さを明らかにし、後々までこのことを教え、民族が自分たちで自分たちのことを決めていくという当たり前の権利を持ち続けようとする。

わたしたち朝鮮人は、もう遅れた思想となっていたはずの侵略主義や強権主義の犠牲となって、初めて異民族の支配を受けることとなった。自由が認められない苦しみを味わい、10年が過ぎた。支配者たちはわたしたちの生きる権利をさまざまな形で奪った。

もともと日本と韓国（大韓帝国）との併合は、民族が望むものとして行われたわけではない。その結果、威圧的で、差別・不平等な政治が行われている。支配者はいいかげんなごまかしの統計数字を持ち出して自分たちが行う支配が立派であるかのように言っている。

ああ、いま目の前には、新たな世界が開かれようとしている。武力をもって人びとを押さえつける時代はもう終わりである。

わたしたちはここに奮い立つ。良心はわれわれとともにあり、真理はわれわれとともに進んでいる。

（三・一朝鮮独立運動１００周年キャンペーン訳から）

（２０１９年2月26日付　ソウル＝栗原千鶴　写真も）

（2）三・一独立運動ゆかりの地を訪ねて

「われらはここに、わが朝鮮が独立国であり朝鮮人が自由民であることを宣言する」—。日本の植民地だった1919年3月1日午後2時、この一文から始まる独立宣言文を読み上げる学生らの声が響き渡りました。京城（現ソウル）のタプコル公園から朝鮮全土に広がった三・一独立万歳運動は、日本による弾圧の下でも3カ月にわたり、およそ200万人が参加したといいます。100年という節目の年を前に、ゆかりの地を訪ねました。

■契機となる在日留学生――1919年2月8日／東京・神田

最初に向かったのは東京・神田。三・一独立万歳運動の一つの契機となった、「2・8独立宣言書」が朗読された在日本東京朝鮮ＹＭＣＡ（現・在日本韓国ＹＭＣＡ）会館のあった場所です。19年2月8日、日本の大学に留学していた朝鮮人学生らは同会館で開いた学友会で宣言書を読み上げ、「独立万歳」を叫びました。警察は集会を解散させ27人を逮捕。しかし宣言書はひそかに朝鮮へ持ち込まれ、朝鮮の運動家を大いに刺激しました。

「学生らしい独立へのまっすぐな思いがこもっている宣言書だった」。こう語るのは会館内の「2・8独立宣言記念資料室」の室長を務める田附《たづけ》和久さんです。資料室には宣言書や当時の背

タプコル公園にある記念碑

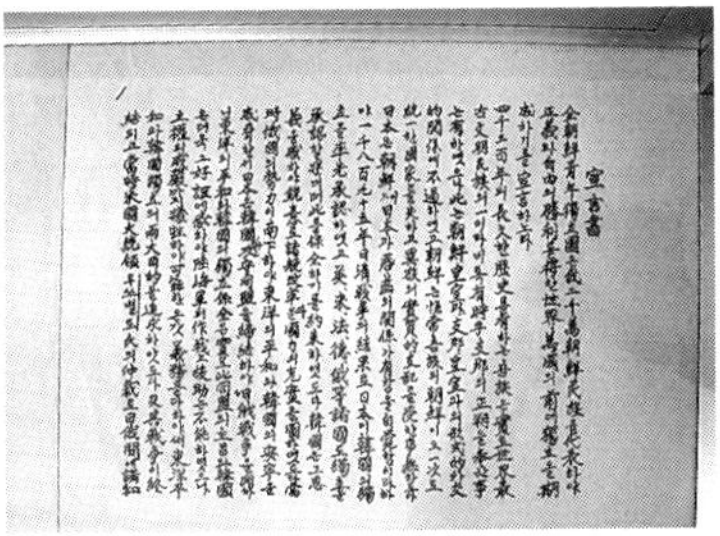

2・8独立宣言書

景がわかるパネルを展示。100年に向け、さらなる充実を目指しています。

■宣言文を読み上げ行進――3月1日／タプコル公園

朝鮮半島では、運動の中心だった宗教家らが協議を重ね、宣言文を練り上げました。

3月1日、京城の泰和館（現・泰和ビル）で33人が宣言文に署名します。同じころ、すぐ近くのタプコル公園では学生たちが宣言文を読み上げ、民衆は「独立万歳」を叫びながら街頭を行進しました。同公園は現在、記念碑やレリーフが建立され、国内外の人が歴史を学びに訪れる場所となっています。

■瞬く間に全国に拡大――4月1日／柳寛順の生家

瞬く間に全国に広がった万歳運動。京城の梨花学堂（現・梨花女子大）に通っていた柳寛順《ユグアンスン》も、実家のある忠清南道天安郡（現・天安市）に戻り、4月1日の万歳デモで主導的役割を果たしました。

彼女の両親は日本の官憲に射殺され、自身も検挙、投獄の末、17歳で獄死します。韓国では、教科書にも記載され、知らない人はい

華城市の虐殺された23人の共同墓地

天安市にある復元された柳寛順の生家

ないといわれる人物です。

生家は天安市街からバスに揺られること1時間、柳寛順が万歳運動前日に決起の合図ののろしをあげた梅峰山のふもとに復元されました。市内に住むイ・イェジさん（26）と出会いました。日本のアニメが大好きだというイさんは「日本ともっと仲良くなりたい」と笑います。「でも歴史は変えられない。互いに知り合えば、いい関係を築けるはず」と語りました。

■激しさ増す日本の弾圧――4月15日／堤岩里の共同墓地

万歳運動が広がる中、日本は鎮圧に憲兵隊や軍隊を投入、デモ隊への発砲など弾圧は激しさを増します。

京畿道水原郡郷南面（現・華城市郷南邑）の堤岩里では4月15日、日本の軍隊が15歳以上の男子を教会に閉じ込め、建物ごと焼き討ちにするという残虐行為が発生しました。その場所は遺跡地と指定され、記念館が建てられています。当時の軍隊の責任者が無罪となった裁判記録や、華城地域の運動をまとめた年表などが展示されています。

焼き討ちにあった人々の遺体は、住民の証言から82年に発見され、この地に作られた共同墓地に埋葬されました。

■壁一面に受刑記録票――1920年3月1日／西大門監獄

多数の運動家が逮捕された万歳運動ですが、正確な数字は分かっていません。当時、京城にあった朝鮮半島では最大規模の西大門《ソデムン》監獄（現・西大門刑務所歴史館）には多くの人が送られてきました。柳寛順もその一人。万歳運動から1年となる20年3月1日、仲間とともに獄中から「独立万歳」を叫んだといいます。

現在はレンガ造りの獄舎2棟が原形のまま公開され、監房にも足を踏み入れることができます。強烈な印象を受けた展示は、顔写真や名前が記された受刑記録票が壁一面に張り巡らされた「追慕空間」です。

目を凝らしていると、ガイドを務めるク・ボンシクさん（68）に声をかけられました。

「約5000人分あります。この歴史館は、日本の人を責めるための施設ではありません。事実を知ってほしいのです。そうしてこそ理解しあえる。ともに平和な北東アジアをつくっていきましょう」

西大門刑務所歴史館の「追慕空間」

■取材を終えて

日本の植民地支配からの独立を求め朝鮮全土で沸き上がった三・一独立運動は、各地に、ゆかりの地、人々の歴史があります。今回訪ねたのは、その一部でしたが、どこでも「何があったのか、日本の人たちに伝えてほしい」と歓迎されました。「慰安婦」問題や徴用工問題など、日本が向き合うべき侵略戦争や植民地支配の傷痕は深い。１００年を迎える今年、改めて見つめ直したいとの思いを強くしました。

（２０１９年１月１日付　栗原千鶴　写真も）

(3) 2・8独立宣言の意義――世界史踏まえ人類の普遍的価値訴え

日本の植民地下の朝鮮で全土に広がった三・一独立運動。1919年3月1日、現ソウルのタプコル公園で独立宣言書が朗読され、闘いの火ぶたを切りました。導火線になったと言われるのが、同年2月8日、東京で行われた独立宣言です。2019年2月、東京都内で開かれた二つのシンポジウム（2日＝在日韓人歴史資料館、9日＝在日韓国YMCA）から、2・8、三・一独立宣言の意義を考えます。

2・8独立宣言は、当時、日本に留学していた朝鮮人学生らが東京・神田の在日朝鮮YMCAで発表しました。日本が朝鮮を1905年に保護国とし、10年に併合したことを指弾。「東洋の平和と韓国の独立保全」を約束しながら、武力で外交・司法・警察権を奪い、軍隊を解散させた「詐欺・暴力」だと訴えます。参政権を奪い、朝鮮人を差別し、朝鮮人の国家運営の経験を奪っていると強調。併合は朝鮮民族の意思ではなく、民族の生存と発展を脅かしているとのべ、日本と世界各国に「わが民族に自決の機会を与えること」を要求しています。

■中・韓・台の連帯

二つのシンポジウムで講演した小野容照・九州大学准教授は、2・8宣言の意義を東アジア史に位置づけました。「当時の朝鮮では、日本の武断政治の下、言論・出版の自由が奪われ、朝鮮語の新聞・雑誌は発行できず、集会・結社も許されなかった。それに対して日本では、治安警察法などの範囲内で出版や団体の結成が可能だったことで留学生が独立運動家として成長し、朝鮮社会を啓蒙する役割を担った」

日本が権益拡大を図っていた中国では、反日感情が高まる中で中国・朝鮮人留学生に連帯が生まれ、中国人留学生の中に辛亥《しんがい》革命（11～12年）に参加し日本に逃げてきた革命家がいたことから、彼らに導かれて非合法の朝鮮独立運動に踏み出したと分析しました。

15年7月、東京で、朝鮮・台湾・中国を日本の支配から解放しアジアの平和を目指す非合法組織が作られました。弾圧を避けて17年秋に解散しましたが、東アジア規模のネットワークを残し、19年の2・8宣言にもつながったと指摘。その後も三・一独立運動が中国人の民族感情を高揚させるなど、朝鮮と中国の民族運動が相互作用で展開していったと論じました。

■レーニンの提唱

小野氏は、2・8宣言と三・一独立運動を世界史の流れにも位置づけました。17年にロシアで10月革命が起き、レーニンが「平和に関する布告」で民族自決権を提唱。それに対抗して米国のウィルソン大統領も民族自決権を提唱し、第1次世界大戦終結のパリ講和会議（19年1月）の議題となりました。そこへの期待が独立運動の要因になったとのべました。

ことに2・8宣言は「万国平和会議における民族自決主義をわが民族にも適用せんことを請求する」とし、朝鮮語・日本語・英語版が作られ各国の大使館に送られたと紹介、「国際情勢の正確な分析が反映されている」と評価しました。

2・8宣言は、日本の韓国併合が東洋の平和を乱す原因になっているとして独立を求め、独立によりわが民族は必ずや世界の平和と人類の文化に貢献するであろうと表明しています。9日のシンポジウムで講演した尹慶老《ユンギョンノ》・韓国漢城大学元総長は、「狭い民族主義を克服し、人類の普遍的義務を土台に東洋平和と世界同盟、人類が共に幸福を追求するビジョンを示した」と位置づけました。

三・一独立宣言書は「人類平等の大義を明らかにし…民族自存の正当な権利を持ち続ける」「人類的良心の発露にもとづく世界改造の大機運とともに進むためこれを提起する」とうたいます。「旧時代の遺物としての侵略主義」「威力の時代は去って道義の時代が来た」とし、朝鮮独立が日本を誤った道から救うという認識を示しています。日本帝国主義が破滅へとすすんだ道を予見しているのです。

二つの宣言は世界史の進展を踏まえて人類の普遍的価値を訴え、北東アジアの平和を展望する現在に生きています。

（2019年3月5日付　西沢亨子）

（4）日本でも留学生が独立宣言──2月8日に東京・神田で

1919年2月8日、東京・神田で朝鮮人留学生らが独立宣言書を出しました。活動拠点は、神田の在日本東京朝鮮YMCA（現・在日本韓国YMCA）です。

独立運動の動きが本格化したのは18年の末でした。きっかけは日本で発刊されていた英字新聞「The Japan Advertiser」（同年12月15日付）の小さな記事。在米朝鮮人による独立運動への動きを伝えていました。

留学生らは運動を起こすべきときが来たと確信。上海でも朝鮮人が動き出していることも知りました。「朝鮮青年独立団」（代表11人）を秘密裏に結成。独立宣言書を朝鮮語で作成し、英語と日本語にも翻訳しました。

独立団の代表2人が上海と朝鮮にそれぞれ渡りました。朝鮮には、布に書いた宣言文を服に縫いつけて渡ったといいます。

そして迎えた19年2月8日。独立団は独立宣言書、民族大会召集請願書を帝国議会や各国大使館に送付しました。留学生らが多数結集した会合で宣言書が朗読され、参加者が「独立万歳」を叫びました。警察は集会を解散し、多数を逮捕しました。

2・8独立宣言は三・一独立運動の一つの契機となりました。中国では19年、反帝国主義・反封建主義の愛国運動・五四運動が勃発しました。一連の動きの背景に、東京で活動していた中国人と朝鮮人の民族を超えた連帯がありました。

■ゆかりの地の記念資料室が拡張・新設

東京・神田の在日本韓国ＹＭＣＡの入り口には、「朝鮮独立宣言一九一九　二・八記念碑」が

２・８独立宣言を主導した留学生たち（在日本韓国YMCA 提供）

新たに開設した「２・８独立宣言記念資料室」

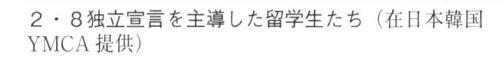

在日本韓国ＹＭＣＡの前に立つ記念碑。左は「２・８独立宣言記念資料室」の田附和久室長＝東京都千代田区

立っています。１００年前に２・８独立宣言書が読み上げられた場所です。

　１００周年を記念して、このほど同館２階に「２・８独立宣言記念資料室」が拡張・新設されました。２月８日には拡張記念式が開かれ、韓国大使ほか、韓国からも関係者が来日し、出席しました。

　同資料室の田附和久室長は、「今後も史料収集に努めていきたい。独立運動を学ぶ生の現場として活用していただければ」と話します。

（２０１９年２月24日号日曜版　本吉真希）

(5)　光州学生独立運動で初の政府式典

日本の植民地だった朝鮮半島で1919年に起きた「三・一独立運動」、26年の「六・一〇万歳運動」とともに「三大独立運動」とされる29年の「光州学生独立運動」の記念式典が、このほど、韓国・光州市で開かれました。現地からの報道によると、これまで道や市の教育庁が主催していた行事は、今年から韓国政府の主催となり、李洛淵《イナギョン》首相が参加しました。

光州学生独立運動は、29年10月30日、日本人の男子学生が朝鮮人の女子学生をからかうのを朝鮮人の男子学生が止めに入ったことから起きた暴動がきっかけ。11月3日、光州高等普通学校や光州農業学校、光州師範学校などの生徒・学生が街頭でデモを行いました。警察は70人近い学生を検挙。その後、大規模な抗日闘争に発展しました。

3日に開かれた式典には市民、学生ら約3000人が集まりました。李首相は演説で、この運動が30年代の独立運動の起爆剤となったと評価。「学生独立運動は光州で始まり、間島《かんとう》（現在の北朝鮮と国境を接する中国延辺朝鮮族自治州）にまで広がる抗日独立運動になった」とし、「文在寅政権は、今後も運動に参加した人を発掘していく」と語りました。

参加した女子高生は地元メディアに、「同じ光州の学生として、先輩たちを誇りに感じる。抗

光州学生独立運動に参加したノ・ドンフンさん（左）の自宅で話を聞く李洛淵首相（右から２人目）＝３日、光州市（首相のフェイスブックから）

日精神を受け継いで、不当なことには不当だと積極的に発言したい」と語りました。

李氏は式典後、独立運動に参加したノ・ドンフンさん（94）の自宅を訪問。「当時、日本の銃剣の前で、恐れることなく立ち上がり、独立を叫んでくださったノさんに感謝します」と語りました。また「90年の記念となる来年は、学生運動に参加した全国の学校も集まった式典を開きたい。北朝鮮で運動に関わった学校や代表たちも参加するような式典にしたい」と述べました。

（２０１８年11月６日付　栗原千鶴）

2　徴用工問題の真実

（1）改めて考える徴用工問題

―過酷な労働実態、ＩＬＯも勧告

韓国人の元徴用工や元挺身隊員が、太平洋戦争中に日本の企業で強制的に働かされたと企業に損害賠償を求めた裁判で、韓国の最高裁判所が相次いで原告勝訴の判決を出しました。日本政府は1965年に韓国と結んだ請求権協定で「解決済み」とする従来の立場を繰り返していますが、国会では過去の政府答弁との矛盾も浮き彫りになっています。改めて徴用工問題を考えます。

安倍首相は、11月1日の衆院予算委員会で、新日鉄住金を訴えた4人の原告について、「『募集』に応じた」もので徴用ではなかったと述べました。

日本政府は1939年、戦時下での労働力不足を補うため国民徴用令を制定します。それに基づく労務動員計画によって、朝鮮人にも労働力の供出が割り当てられました。同年9月、企業が「募集」を開始。募集とはいえ、警察が各村などに割り当てた人数は強制的に供出されました。42年からは、より強制力を持たせた「官あっせん」に。村の有力者の責任において決められた人数が集められ、企業側に引き渡されました。44年には絶対に逃れることができない「徴用」となります。

このように呼び方は変わっても、強制的に労働に駆り出された事実は変えられません。

朝鮮人労働者が従事させられた過酷な労働実態は、日本で行われた裁判でも事実認定がされており、国際労働機関（ＩＬＯ）も「強制労働条約」に違反するとし、解決に向けて日本政府が行動するよう勧告しています。

いま被害者が求めているのは企業側の謝罪と損害賠償、つまり慰謝料です。高齢の被害者の訴えに日本の政府、企業はどう応えるのか―対応が問われています。

■「個人請求権」は消滅していない

裁判で重要な争点となったのは、企業に対する元徴用工個人の請求権が残っているかどうかです。日韓の政府と最高裁は、国家間の請求権は消滅しても「個人請求権は消滅していない」という解釈で一致しています。

91年8月27日、当時の柳井俊二・外務省条約局長は、日韓請求権協定について、参院予算委員会で「個人の請求権そのものを国内法的な意味で消滅させたというものではない」と答弁しています。

これについて今年11月14日の衆院外務委員会で、日本共産党の穀田恵二議員が、「間違いないか」とただしたのに対し、河野太郎外相は個人請求権が消滅していないことを明言。さらに▽協定の締結に際して韓国が提示した「対日請求権要綱・8項目」の中に個人の慰謝料請求権は含まれていない▽日本国内で韓国国民の財産権を消滅させた「財産権措置法」により慰謝料請求権は消滅していないことも確認されました。

■個人請求権を韓国側否定せず

では韓国はどうか。慶北大学法学部の金昌禄《キムチャンロク》教授によると、韓国政府は金大中政権当時の2000年10月、書面答弁書で「請求権協定が個人の請求権訴訟等の裁判を提起する権利には影響を与えないという立場だ」と言明。05年に盧武鉉《ノムヒョン》政権が協定締結に関する資料を公開、精査した際にも、個人請求権に対する立場は変えていません。

二　日韓で和解例、解決は可能

請求権で両国に差異はないのに、なぜ解決できないのか――。

■人権問題として救済の義務あり

河野外相は11月21日の自身のブログで、個人請求権の存在は認めるものの、「法的に救済はされない」との見解を披露しました。しかし、権利が存在しているのであれば、それに対する義務が果たされていないことになり、「終わった」とする河野氏の発言は、被害者の声を抑え込む誤導的なやり方です。

日本側が被害者に寄り添い、人権問題として真剣に解決しようと思えば、ほかにも救済の道はあります。

例えば和解です。朝鮮人の元徴用工と日本企業が和解した例は複数、存在します。

１９９９年４月に、朝鮮人被害者の金景錫《キムギヨンソク》さんと日本鋼管の間で和解が実現しました。一審判決は強制連行、強制労働については認定しませんでしたが、過酷な労働実態や、金さんが43年４月に起きたストライキの首謀者とされ、会社側の従業員や憲兵らから拷問、暴行を受けた経緯を詳細に認定しました。

これを受けて会社側は、ストライキに巻き込まれて負傷し、障害が残ったとの金さんの主張を

「重く受け止め、障害を持ちながら長きにわたり苦労したことに対し真摯な気持ちを表明するもの」として410万円を支払いました。訴訟上の和解における弁護団の一人、梓澤和幸弁護士は「和解は、本人の頑張りと周囲の献身的な支援、そして会社側の良心の決断もあったと言っていい」と語りました。

■被害者個人の救済、世界では発展中

世界でも侵略や植民地支配にともなって発生した人権問題を解決した例があります。ドイツ政府は2000年、民間企業と政府が共同で出資した「記憶・責任・未来」財団を設立しました。1990年代後半、ナチスによる強制労働に関与したドイツ企業への集団訴訟が相次いだことがきっかけです。被害者は、政府の心からの謝罪を受け入れ、財団は被害者167万人に約44億ユーロ、当時のレートで1人平均約42万円を支払いました。

いま世界では、植民地支配や強制労働などに対し、人権問題として受け止め、被害者個人の救済を進める方向で発展しています。日本政府や企業は、被害者の訴えに耳を傾け、解決に向けた一歩を踏み出すときです。

（2018年12月8日、11日付　栗原千鶴）

（2）危険労働に強制動員　朝鮮人1258人――山口・宇部の長生炭鉱

―海底坑道崩落　183人が犠牲に――重大な人権侵害認め謝罪と賠償を

植民地支配下の元徴用工ら強制動員被害者への賠償を日本企業に命じる――。韓国大法院（最高裁）による判決が相次いでいます。「問題は解決済みだ」と猛反発する安倍政権。水没事故により100人以上の朝鮮人死者がいまも海底に眠る、山口県宇部市の長生《ちょうせい》炭鉱跡地を訪ね、強制動員の実態を見てみました。

瀬戸内海に面した宇部市には海底炭田が多く、長生炭鉱もその一つでした。現在も遠浅の海から2本の巨大なピーヤ（排気・排水筒）が突き出ています。

■政府の決定で

日中戦争のさなかの1939年9月、日本政府は財界の要望に応え、「募集」による朝鮮人の日本への移入を閣議決定しました。戦争に駆り出された国内労働力の不足を補うためです。長生炭鉱には、同年10月から42年２月の水没事故＝水非常までに朝鮮人１２５８人が強制動員されました。

当時、長生炭鉱の鉱務課が作成した「集団渡航鮮人有付《ありつけ》記録」には、40年10月17日に到着した82人のうち13人が２日後の入所式までに逃亡。その後の教習期間の４日間で８人の減員が記されています。

市民らでつくる「長生炭鉱の水非常を歴史に刻む会」の井上洋子共同代表（68）は言います。

「作業も始まっていないのに１週間で21人も消えた。本人の意思で来たのではないということです。このような実態を知ることが必要です」

強制動員された朝鮮人の〝合宿寮〟は３メートル以上の板塀に囲まれ、門は常に監視されて外

長生炭鉱の石炭積み出し栈橋＝1933年撮影（「長生炭鉱の水非常を歴史に刻む会」提供）

海面に突き出る２本のピーヤ。２本の間の距離は195メートルで、手前のピーヤは直径2.8メートル、奥のは直径4.15メートル

出も許されず、収容所のようでした。

■逃げると殴殺

41年、18歳で強制動員された金景鳳《キムギョンボン》さんは「刻む会」の聞き取りに、こう証言しています。

「母が日本の巡査の足を引っ張り、泣いて引き止めたが連行された。苦しい炭鉱生活を抜け出すため3人で逃げたが捕まった。2人は殴り殺された。私は木の棒でしこたま殴られ、いまでも頭に傷が残っている」

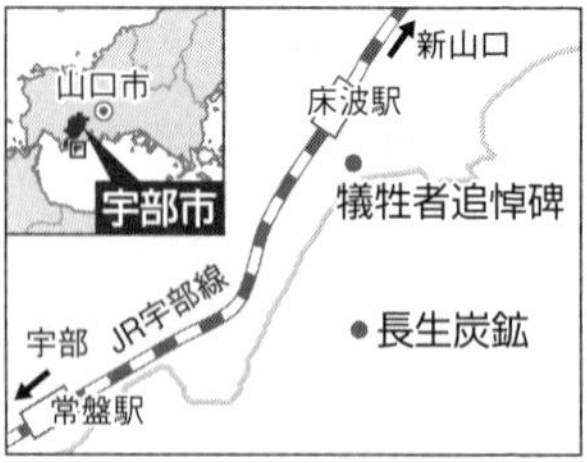

42年2月3日午前9時ごろ、海岸の坑口から約1キロメートル沖合の海底坑道で天盤が崩落し、坑内に海水が一気に流れ込みました。朝鮮人136人と日本人47人の計183人が閉じ込められ、遺体はいまも海の底に残されたままです。

海底坑道の天井部分の厚さが30メートル前後しかなかったといわれる長生炭鉱。生存者は「頭上で船のエンジン音が聞こえて恐ろしかった」と証言します。炭鉱監督機関が、通達で採炭を禁止していた地域でした。

坑道の出水は事故2カ月前の41年11月30日から始まっていました。しかしその8日後、日本はアジア太平洋戦争に突入。出炭量増加が叫ばれるなか、労働者の安全より石炭採掘が優先された末の事故でした。

■遺族とともに

会の山内弘恵さん（51）は活動を通じ、事故で父を失った遺族の苦悩を知りました。「申し訳なく、何かしなければと思った。遺族と交流し、事実に向き合うことの大事さを知った」

会は2013年に追悼碑を建立。その年の追悼集会で韓国の遺族会会長は「日本の皆さまが大きな声で日本政府に遺骨収集を要求してください」と発言。遺族会事務局長は「犠牲者と遺族に謝罪の意味での心的物質的補償を日本政府に求めていく」と訴えました。

91年の発足から、追悼碑建立を主要目標に活動してきた「刻む会」。遺族会の遺骨返還の願いに応えるため、今年2月からは政府交渉を始めました。

追悼ひろばに立つ朝鮮人と日本人の犠牲者の名前を刻んだ追悼碑。右から小畑太作さん、井上洋子さん、山内弘恵さん

課題の一つがピーヤの保存と説明板の設置。宇部市が用意している説明文は「石炭は…国のエネルギー政策を支えてきました。私たちは先人たちの命をかけた炭鉱への思いを未来へと継承していかなければいけません」と書いています。そのため会は、市側と説明文の修正の協議を続けています。

会の小畑太作事務局長（51）は指摘します。「犠牲者を勝手に日本国の協力者にした内容は、強制動員・強制労働の事実を隠し、犠牲者と遺族の尊厳を傷つける。かえって問題を悪化させる。政府も重大な人権侵害を認め、遺骨返還と謝罪、賠償をすべきです」

二　個人請求権は国家の権利と異なるから消滅しない

■国際人権法に沿う韓国判決——真の解決に向けて声明を発表した弁護士・呼びかけ人山本晴太さん

韓国の強制動員被害者の請求権問題。安倍政権は1965年の日韓請求権協定で「完全かつ最終的に解決している」と主張します。これに弁護士有志は「全ての請求権が消滅したかのように説明するのは誤導的だ」と批判し、真の解決に向けて声明を発表（賛同人209人、18年11月26日現在）しました。呼びかけ人の山本晴太弁護士に聞きました。

日本の政府や最高裁は、韓国人の戦争被害者は日韓請求権協定によって「裁判で賠償を請求することができなくなった」と言っています。しかし、裁判を受ける権利の保障を徹底することによって、人権を保障しようというのがいまの国際人権法の流れです。韓国大法院（最高裁）の判決はそれに沿ったものです。安倍首相のいう「国際法に照らしてあり得ない判断」ではありません。

日本政府は植民地支配の過ちを認めないまま、5億ドルの「経済協力」で日韓請求権協定を決着させました。交渉過程で韓国側が徴用工問題を持ち出すと、「韓国政府に証明義務がある」と開き直りました。

日韓請求権協定第2条1項は、両国とその国民の「財産、権利及び利益」とともに、両国とその国民の間の「請求権に関する問題が…完全かつ最終的に解決された」と規定しています。

個人の請求権はなくなったように読めます。しかし日本政府は請求権協定の締結時から、放棄されるのは両国が国家として有している外交保護権で、個人の請求権を消滅させるものではないという認識でした。90年代には国会で柳井俊二条約局長が、同様の答弁を繰り返してきました。

サンフランシスコ平和条約（51年）にも類似の請求権放棄条項があります。「この条約によってアメリカに対する損害賠償請求権が失われた」として、日本の原爆被爆者が日本政府に補償を求めて提訴しました。

これに対し日本政府は63年、個人の請求権は「国家の権利とは異なるから、国家が外国との条約によってどういう約束をしようと…影響は及ばない」と主張しました。つまり、被害者個人が加害国や加害企業に請求する権利はある、と政府は主張していたのです。

日本の裁判で日本政府が「請求権放棄条項で解決済み」と主張し始めたのは、２０００年になってからです。韓国人や中国人による戦後補償裁判で、政府に不利な判断が出るようになると突然、主張を翻しました。

そもそも「個人の請求権は消滅していない」と主張してきたのは日本政府です。政府は歴史に誠実に向き合い、話し合いで被害者の救済をめざすべきです。

日本企業には被害者全体の救済を図ることで問題を解決した例があります。西松建設や三菱マテリアル、鹿島建設は中国の被害者に強制連行の事実と責任を認めて謝罪し、基金を設立しました。人権をどう回復するのか、事実に基づいた冷静な議論が必要です。

■個人請求権は消滅しない――共産党質問に外相認める

日韓請求権協定における個人の請求権について、河野太郎外相は国会で「個人の請求権が消滅したと申し上げるわけではない」と答弁（18年11月14日）しました。日本共産党の穀田恵二衆院議員の質問に答えたものです。

個人の請求権が消滅していないとすれば、被害者が加害企業に賠償請求する実体的な根拠はあることになります。賠償を命じた韓国の大法院判決が「請求権協定に明白に違反する」という政府の主張は崩れます。

大法院で被害者の原告が求めていたのは、未払い賃金や補償金ではありません。不法な植民地支配と侵略戦争の遂行に直結した日本企業の反人道的な不法行為＝強制動員＝への慰謝料です。

個人の慰謝料請求権についても、外務省の三上正裕国際法局長は「権利自体は消滅していない」と答弁しました。

政府が、個人の慰謝料請求権は請求権協定によって消滅していない、と認めたことは重要です。

（２０１８年12月9日号日曜版　本吉真希）

(3) 朝鮮女子勤労挺身隊　少女は強制動員された

日本の植民地支配下の朝鮮半島から強制動員された徴用工や女子勤労挺身隊(＊)。韓国大法院(最高裁)が日本企業に被害者への賠償を命じてから約半年がたちます。賠償に応じない被告企業の韓国内資産の差し押さえを、韓国地裁が相次いで認めました。被告企業との協議の場を求め、韓国から来日した被害者と遺族の思いは―。

一　殴られ「半島人」とののしられ――梁錦徳《ヤンクムドク》さん

■常に監視され飛行機部品を塗装

アジア・太平洋戦争末期の1944年6月。梁錦徳さん(89)は、朝鮮の国民学校6年生でした。

「日本で働けば金もたくさん稼げるし、女学校にも入れる。行きたい者は手を挙げろ」

国民学校の日本人校長と憲兵が、挺身隊員を募集すると教室の全員が手を挙げました。校長は梁さんら10人を指名しました。

梁さんの両親は強く反対しました。そのことを校長に告げると「行かなければ警察がおまえの父親を捕まえる」と脅しました。梁さんは日本に連行される際、憲兵2人が軍刀を持っていたのを見て恐怖を覚えました。

日本の支援者に思いを語る梁錦徳さん＝19年3月、名古屋市

動員先は三菱重工業名古屋航空機製作所の道徳工場（名古屋市）。女学校には通えず、班長が監視するなか、飛行機部品を塗装しました。シンナーの刺激臭が充満し、頭痛で倒れると怒られました。手を休めたり、トイレから戻るのが遅いと、殴られ「半島人」とののしられました。

「三菱重工業第4菱和寮」に入寮する朝鮮の女子勤労挺身隊員。証言によると入寮年月は1944年6月頃（「名古屋三菱・朝鮮女子勤労挺身隊訴訟を支援する会」提供）

45年10月、朝鮮に帰国。給料は未払いのままです。韓国社会からは日本軍「慰安婦」と誤解され、「周囲の冷たい視線を恐れながら生きてきた」と梁さん。夫からも「汚い女」と罵倒されま

した。

■強制を認める

梁さんら5人は99年、三菱重工を相手取り、謝罪と賠償を求めて名古屋地裁に提訴。二審の名古屋高裁は判決（２００７年）で、地裁判決の詳細な事実認定を踏まえて国と企業の責任を認めました。

「挺身隊への勧誘行為や工場での労働・生活は、国の監督のもとなされた強制連行・強制労働と認められる。これらの行為は個人の尊厳を否定し、正義・公正に著しく反する行為と言わざるを得ない。ＩＬＯ（国際労働機関）29号条約においても許されない違法行為だった」（要旨）

しかし地裁、高裁、最高裁とも請求を棄却しました。梁さんら5人は12年、韓国大法院が「日韓請求権協定で個人の請求権は消滅していない」と初めて判断したのを受け、韓国で三菱重工を提訴。大法院は昨年、原告への賠償を命じました。

「いまからでも遅くない。事実を隠さず『すみません』と謝ってほしい。そうしたら私たちの胸の痛みはなくなる」と訴えます。

二　殉職者名簿あるのに認めない企業――李敬子《イキヨンザ》さん

名古屋市で開かれた3月の集会には、梁さんといっしょに来日した李敬子さん（76）の姿がありました。

■おばは東南海地震で無念の死

李さんのおばの崔貞禮《チエジヨンレ》さんは、梁さんといっしょに女子勤労挺身隊員として三菱重工業名古屋航空機製作所で働かされました。

１９４４年12月7日、東海地方を襲った東南海地震で工場が倒壊。当時17歳の崔さんは同郷の仲間５人とともに亡くなりました。

崔さんの母親は「娘が無念に死んだのに、どうして布団をかけて寝られようか」と、85歳で死去するまで氷点下の冬も布団をかけずに眠っていたといいます。

李さんは「おばの名誉を回復したい。日本政府と三菱重工は被害者と遺族に誠意ある謝罪と賠償をせよ。この言葉をいうために来た」と訴えました。

■創氏改名され

李さんのおばは、三菱重工が戦後作成した殉職者名簿に、創氏改名された「山本貞禮」として

支援者にあいさつする李敬子さん＝19年３月、名古屋市

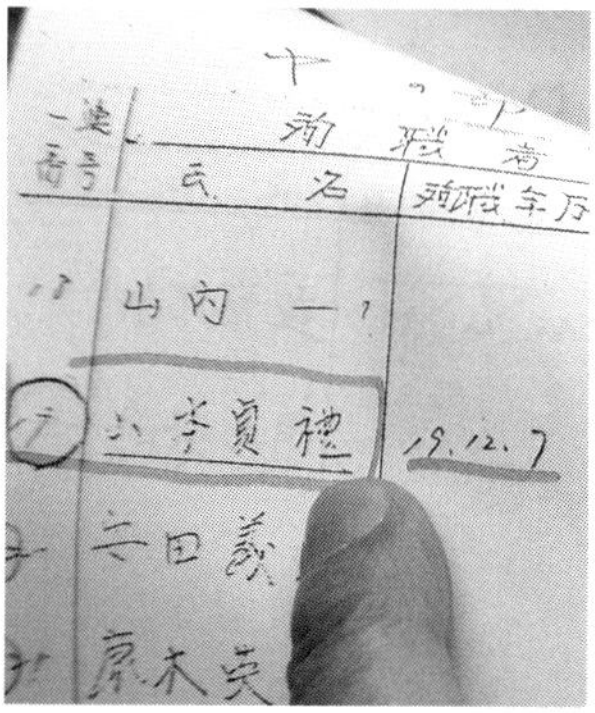

殉職者名簿（複写）に記された「山本貞禮」。創氏改名された崔貞禮さんの名前。殉職年月日の「19.12.7」は東南海地震が起きた日付

記されています。名簿には、名古屋航空機製作所で死亡した約４００人が記録されています。大半は日本人ですが、東南海地震で死亡した６人の挺身隊員のほか、徴用工の犠牲者らも記されていました。

この名簿は86年、三菱重工から高橋信《まこと》さん（76）＝現「名古屋三菱・朝鮮女子勤労挺身隊訴訟を支援する会」共同代表＝らが借り受け、複写しました。

ところが日本での損害賠償請求裁判で、原告側弁護人が殉職者名簿を示すと、会社側は「知らない」と主張。その存在を認めませんでした。

高橋さんはいいます。「問題解決には事実を認めて謝罪・賠償し、次世代へ継承することが必要です。安倍政権の歴史改ざんと解決の妨害は許せません。大法院判決をベースに、当事者同士が協議で解決することが求められています」

三　三菱重工は判決に従え――金曜行動466回、日韓市民が要請

「日本政府と三菱重工は協議に応じよ」

金曜日の朝8時半から、東京都千代田区の外務省前と三菱重工本社前で各1時間、静かな訴えが響きます。

「三菱重工はいますぐ良心と英断を！」と大書した横断幕を掲げる「金曜行動」参加者ら＝19年３月、三菱重工本社前

「名古屋三菱・朝鮮女子勤労挺身隊訴訟を支援する会」が毎週行っている「金曜行動」です。名古屋や東京近郊からも参加。2007年7月の第1回から466回（19年4月12日現在）を数えます。

朝5時すぎの電車で京都府から月2回参加している岩田朝子さん。日本の裁判で負けるたびに悔しい思いで帰国した原告を支援してきました。

「金曜行動」に励まされた韓国の市民が結成したのが「勤労挺身隊ハルモニと共にする市民の会」。同会は話し合いの場を求める署名約13万4千人分、韓国国会議員100人分を三菱重工に提出しました。

同社は10年7月、被害者側と協議に応じました。協

議のなかで被害者側は①事実認定②謝罪③賠償―を要求。重工側は過酷な労働と貧しい食事、外出や手紙の制限、給料の未払いなどの事実を認めました。しかし重工側は、最終的に〝個別補償〟はできないと主張。12年7月、協議は決裂しました。

大法院判決後、ほぼ毎週参加している林安沢《やすざわ》さんはいいます。「救われていない被害を見過ごすのは人として正しいのか。被害者はお金よりも、謝罪して自分の被害を認めてほしいのです。被告企業は判決に従う義務がある」

四　三菱マテリアルは中国人被害者と和解

韓国の地裁は、原告側が申請した被告企業の新日鉄住金と三菱重工の在韓資産の差し押さえを認めました。

請求権問題は1965年の日韓請求権協定で、「完全かつ最終的に解決されたことを確認する」とされました。日本政府はこれを盾に、韓国大法院判決を「日韓関係の法的基盤を覆す」と批判。被告2社は「日本政府と協議して適切に対応したい」などとしています。

しかし三菱重工のグループ企業の一つ、三菱マテリアルは2016年、戦時中に強制連行された中国人被害者への人権侵害を明確に認め、和解しました。和解対象は3765人です。日本政府が日中間の請求権問題は日中共同声明（72年）で「解決済み」との姿勢を固持するなかでの解決でした。

同社は、被害者が「重大なる苦痛及び損害を被った」ことに「歴史的責任」を認め「深甚なる謝罪の意」を表明。包括的解決のための基金に資金を拠出しました。

＊朝鮮女子勤労挺身隊とは

朝鮮女子勤労挺身隊は日本の植民地だった朝鮮半島で、労働力として強制的に組織されました。約４０００人ともいわれる少女が強制動員されました。

１９４４年以降とくに多く、主に国民学校を通じて6年生や卒業生を対象に「募集」されました。彼女たちは、日本の軍需工場などで過酷な労働を強いられました。44年8月の女子挺身勤労令で、強制動員は制度化されました。

朝鮮からの男性の強制動員は、日中戦争さなかの39年から始まりました。「募集」「官あっせん」「徴用」と形態が変わるたびに強制力が強まりました。いずれの「募集」も、実態は甘言や暴力を伴う強制連行でした。

（２０１９年4月21日号日曜版　本吉真希）

（4）見捨てられた朝鮮人――アジア各地に100万人超

日本をはじめアジア・太平洋地域には、戦時中に強制動員された多くの朝鮮人の遺骨が眠ったままです。日本政府によって強制動員された朝鮮人は、炭鉱や軍需工場、軍事基地建設で強制労働させられた人で80万人以上、軍人・軍属で37万人以上とみられます。被害者の尊厳回復へ、日本の市民が活動しています。

ペリリュー島で米軍に集団投降する日本軍設営隊の朝鮮人軍属たち（近現代フォトライブラリー）

■ペリリュー島、退避も許さず飛行場建設

集団で投降する朝鮮人軍属の写真があります。彼らはパラオ諸島南端のペリリュー島に隣接するガドブス島で、日本軍の飛行場建設などを強いられていた人たちです。

「米軍の記録では84人が捕虜として収容された」。そう話すのは戦史研究家の平塚柾緒《まさお》さん（81）＝太平洋戦争研究会主宰＝です。「日本が占領した南方の島々で、兵舎や道路、飛行場をつくるため多くの朝鮮人が使役されていた」と指摘します。

ペリリュー島には、設営などを任務とする部隊として約１８００人がいました。うち半数程度が沖縄や朝鮮出身の軍属でした。

米軍は１９４４年9月15日、ペリリュー島に上陸。激しい地上戦となりました。

「その直前まで９００人近い住民が島にいた。ほとんどの若い男は陣地構築や戦闘配備のため各部隊に配属されたが、米軍上陸が目前と判断された9月初め、日本軍は彼らをパラオ本島などに退避させた」（平塚さん）

しかし、朝鮮人は退避させませんでした。

「当時の日本の為政者や軍部は、『朝鮮は日本の一部』であり、当然『祖国日本』のためにたたかうのは義務という考え方だった。しかし朝鮮人にとって日本は侵略者です。強制的に連行してきた朝鮮人に、戦意を期待するほうがおかしい」

■70年間も遺骨放置、日本政府の責任重大／日韓市民団体が発掘・返還

戦時下に過酷な労働を強いられて命を失った朝鮮や中国、日本の労働者の遺骨が残されている北海道の寺院や埋葬地。市民が遺骨の発掘と返還にとりくんでいます。

小林久公《ひさとも》さん（76）もその一人。「強制連行・強制労働犠牲者を考える北海道フォーラム」事務局次長です。結成されたのは２００２年。本願寺札幌別院が１０１体の朝鮮人や中国人の遺骨の存在を発表したのがきっかけでした。

同団体は2005～10年、陸軍浅茅野《あさちの》飛行場（北海道猿払村《さるふつ》）建設時に死亡した人たちの共同墓地を、地元住民らと調査。全骨や骨片など少なくとも34体分の朝鮮人労働者と鑑定される遺骨を発掘しました。

09年の調査では屈葬の遺骨が見つかりました（写真）。小林さんは「朝鮮人か日本人かはわからない。政府は死亡した日本人労働者についても調べていない」と指摘します。

小林さんらは、浅茅野飛行場で日本企業に使役された池玉童《チオクトン》さん＝10年死去＝を韓国に訪ね、聴き取りをしました。小林さんは池さんの話に「深い苦しみを感じた」といいます。

発掘調査で出土した屈葬の遺骨＝2009年、北海道・浅茅野（小林久公さん提供）

1927年生まれの池さんは43年夏、約300人の朝鮮人とともに浅茅野に連行されました。木材で宿舎を建て、滑走路を建設。日本人に右耳をひどくたたかれ、失聴しました。池さんは亡くなった朝鮮人を埋葬した際、「死体をしゃがんだ姿勢にして箱に入れた」と証言しました。

「北海道では食べられず、仕事がつらかった。仲間の半分が腸チフスで死んだ」と池さん。同年11月、雪が深くなると鹿児島へ移り、滑走路づくりや軍人らが避難する洞窟掘りを強いられました。

2015年、日韓の市民団体が協力し、115体をソウル市の追慕公園に納骨しました。浅茅野で発掘された遺骨や札幌別院などに安置されていた遺骨です。

小林さんはいいます。「遺骨は遺族にお返しするのが一番の基本です。しかしいまは遺族の情報を得るのも難しい。70年間、手をつけずにきた日本政府の責任は大きい」

日本の企業は戦時中、必要な労働者の人数を政府に申請し、許可を受けて働かせていました。当時の賃金のほとんどは未払いのままです。

近年、日本各地で働かされていた朝鮮人の郵便貯金通帳が、福岡の郵便貯金センターにあることがわかりました。小林さんは政府に対し、通帳のリストを韓国に提出するよう求めています。

日本政府は65年の日韓請求権協定で、強制連行の補償問題は「解決済み」との立場を崩しません。一方、被害者と遺族は国と企業の責任を問い続けています。事実の調査、関係資料の公表、遺骨や未払い賃金の返還、謝罪、賠償などさまざまな問題が未解決です。

小林さんは「歴史問題を解決するには、歴史の事実を明確に認めることが大前提です。それなしにおわびをしても真の解決にはなりません」と話します。

■〝東洋一の鉱山〟も／全国に痕跡

朝鮮人強制動員の痕跡は身近にあります。大量の朝鮮人が地下壕の工事に従事した長野市の松代大本営もその一つです。

札幌市内には東洋一といわれた手稲鉱山の選鉱場跡があります。「札幌郷土を掘る会」発行の『海峡の波高く』によると、同鉱山の労働者は多いときで3千人を超え、半数は朝鮮人でした。

落盤などが起きやすく、一番危険なところで朝鮮人を働かせたとしています。

遺骨を安置している寺院もあります。東京都目黒区の祐天寺には１９７０年に厚生省（当時）から遺骨が移管され、これまでに４２３体が国家間交渉で韓国に返還されました。

現在も７００体の遺骨が保管されています。そのうち２７５体が朝鮮半島南部の出身者で、終戦直後、朝鮮人労働者らを乗せた浮島丸が舞鶴湾で爆沈した事件の犠牲者です。

残る４２５体は朝鮮半島北部の出身者。そのうち５体が浮島丸事件の犠牲者で、４体がＢＣ級戦犯の刑死者です。北朝鮮への返還はまだ1体も実現していません。

＊朝鮮人強制動員とは

日中戦争（１９３７年～）の激化以降、日本は植民地の朝鮮半島から兵員・労働者を動員しました。朝鮮半島北部や日本、「満州」、中国、南洋方面へ連行しました。

動員は、政府が閣議決定した労働力の動員計画や、天皇の直属機関であった朝鮮総督府によって実施。連行は詐欺や暴力を伴いました。

労働者の動員は39年から始まり、「募集」「官あっせん」「徴用」と形態が変わるたびに、強制力が強まりました。軍人の動員は「志願」が38年、「徴兵」が44年から行われました。軍属の「徴用」は39年から始まりました。

「募集」や「志願」といっても実態は違いました。植民地支配のもと、土地を奪われ、日本への食糧供給を強いられるなど、生きる糧を失った朝鮮人を追い込む強制力が働いていました。


（２０１８年9月9日号日曜版　本吉真希）

3　日本軍「慰安婦」問題とは

(1)「慰安婦」写真　原画を初展示

三・一独立運動100年を記念して、韓国ソウル市とソウル大学チョン・ジンソン教授の研究チームは同市内で、「記録、記憶—日本軍『慰安婦』の話、聞くことができなかった言葉」と題した展示会を開催し、被害者の写真を公開しています。同市と同チームは2016年から米国などで資料を発掘してきました。

今回公開された写真は3枚です。1枚は、1944年9月に捕虜収容所に収容された朴永心《パクヨンシム》さんの臨月の姿（中国雲南省で撮影）。あとの2枚はビルマ（現ミャンマー）で被害者の様子を写したものです。

■情報多く貴重

いずれも米兵が撮影し、朝鮮人の「慰安婦」被害者が写ったものとして知られていましたが、原画が韓国で公開されたのは今回が初めてです。

写真は米軍が焼き付けてアルバムに保管していたもので、研究チームは米国の古文書収集家から購入しました。同チームのキム・ソラ研究員は「本物は情報も多く、貴重だ」と語りました。

朴さんは北朝鮮に暮らし、2000年に東京で開かれた日本軍性奴隷制を裁く民間法廷「女性国際戦犯法廷」で証言。06年に亡くなりました。

韓国で初めて展示された「慰安婦」被害者の写真の原画。右端が朴永心さん

見学者に展示を説明するキム・ソラ研究員（正面）

3日に行われた対談企画では、同法廷に検事団として参加したソウル市の朴元淳《パクウォンスン》市長が出席。「清算されていない過去は清算されない限り終わらない。韓国の現代史は苦難と悲劇と悲しみの歴史だ」と語りました。

また、現在の日韓関係について「敵対関係が悪化すれば双方にとって不幸だ。若い世代や地方行政では、絶えず友情を蓄積し、根本的に持続可能な平和体制にしていかなければならない」と述べました。

■沖縄での苦難

展示では、沖縄県に住んでいた裵奉奇《ペポンギ》さんも紹介されています。裵さんは沖縄の慰安所に連行され、戦後、韓国に戻ることができませんでした。

1975年、自らの被害を公表します。

読み書きができなかった裵さんは、沖縄の本土復帰の際、在留許可を受けるための書類を期限内に提出できず、強制追放される危険に直面。周囲の支援で、経緯を書いた嘆願書を沖縄県に提出し、ようやく永住資格を得ました。

韓国で金学順《キムハクスン》さんが被害者だと名乗り出て大きな社会問題となった91年、裵さんは那覇市で亡くなりました。

（2019年3月8日付　ソウル＝栗原千鶴　写真も）

（2）日本軍「慰安婦」問題　真の解決の道は

―国際社会から問われる安倍政権――直接謝罪なし、逆行する言動

韓国政府は、日本軍「慰安婦」問題に関する「日韓合意」（２０１５年12月）を検証し、今年初め「被害者中心の措置を模索」する新方針を発表しました。これに日本政府は「全く受け入れられない」と即刻抗議しました。「慰安婦」問題の真実と真の解決の道を考えてみました。

■性奴隷認めず名誉回復不十分

日本軍「慰安婦」問題での「日韓合意」は、２０１５年12月28日の日韓外相会談で合意されました。岸田文雄外相は会談後、「日本政府は責任を痛感。安倍（晋三）首相は心からおわびと反省の気持ちを表明する」とのべました。

しかし安倍首相自身は被害者への直接の謝罪を拒否。言葉だけで内容の伴わない「合意」に、韓国の被害当事者からは批判がやみませんでした。

17年5月に発足した韓国の文在寅政権は、同年7月から日韓合意に関する検証をし、「被害者

「日韓合意」直後に韓国から来日し、記者会見で刀の傷が残る右手をかざしながら、苦しみを訴える被害者たち＝2016年１月、国会内

の意見を十分に聴きとることなく」合意に至ったなどの問題点を指摘。今年初めに新方針を発表し、日本政府に「再交渉は求めない」とする一方でこう求めました。

「日本が自発的に国際的な普遍基準に則《のっと》って、真実をありのままに認め、被害者の名誉と尊厳の回復と、心の傷の癒やしに向けた努力を続けてくれることを期待する」

これに対し日本政府は「１ミリたりとも合意を動かす考えはない」（菅義偉官房長官）と反論。日本のメディアも「理解に苦しむ」などと反論しました。

日本軍「慰安婦」制度の最大の問題は、慰安所に連れてこられた女性たちが、本人の意思に反する性的な行為を強制されたという事実です。これを世界は「ｓｅｘ　ｓｌａｖｅｒｙ＝性奴隷制度」といっているのです。

日本の司法が認定した加害事実も、性奴隷の実態を浮き彫りにしています。

〈司法が認定、性奴隷の実態〉

●韓国関釜裁判・山口地裁下関支部判決（１９９８年、原告・李順徳さん）「軍靴で腹を蹴り上げられたり、刀で背中を切りつけられた…治療を１週間受けただけで、また軍人との性交渉を強要された」。判決は日本軍の加害行為を「ナチスの蛮行にも準ずべき重大な人権侵害」と断罪しました。

●中国山西省裁判・東京地裁判決（2003年、原告・趙存妮さん）「日本軍によって…砲台の中の真っ暗な便器だけがある部屋に監禁、夜は別室に連行され輪かんされる」

●中国海南島裁判・東京高裁判決（09年、原告・譚亜洞さん）「朝食は米飯と塩だけ、昼・夜は自分で山菜を取って食べねばならず、逃亡を図るたびにこん棒で殴られた」

ところが安倍首相は、合意直後の国会で「合意によって戦争犯罪に当たる類いのものを認めたわけではない」「性奴隷といった事実はない」と国会で答弁しています。（16年1月、参院予算委員会）

自民党からは「（慰安婦は）職業としての娼婦《しょうふ》だった」といった暴言まで出ています。（同、桜田義孝衆院議員）

■見直し求める国際社会の声

こうした歴史の真実を否定し、背を向ける態度が、韓国をはじめ国際社会の批判を呼んでいるのです。

国連の人権専門家による共同声明は、「（合意は）重大人権侵害に関する国家責任の基準に合致していない」と指摘。（16年3月）

国連女性差別撤廃委員会は、日本に▽指導的立場にある者や公職者が責任について中傷的な発言を止めることを確保する▽被害者／生存者の見解を十分に考慮し、彼女たちの真実と正義と被害回復に対する権利を保障する▽教科書に「慰安婦」問題を十分に取り入れる――ことなどを勧告しています。（同）

安倍政権は国連の勧告に「合意内容を正当に評価していない」などと反論しています。

日本政府はすべての「慰安婦」被害者の人間としての尊厳を回復し、真の解決を図ることが求められます。

ソウルにある日本大使館前で行われた日本軍「慰安婦」問題の解決をめざす水曜集会に参加した人たち＝２月（撮影・栗原千鶴）

■市民社会も新たな動き

「慰安婦」問題の新たな動きに、被害者などからは、名誉と人権回復の実現を求める声が上がっています。

これまで日本政府への提言をしてきた「日本軍『慰安婦』問題解決のためのアジア連帯会議」は、３月、第15回会合を韓国ソウル市で開催しました。韓国・中国をはじめとしたアジアの被害国や日本・米国などから被害者と支援者が参加。今後の行動への決議を上げました。

決議では日本政府に①犯罪事実の明確な認定、覆されることのない公式謝罪、法的賠償②真相究明③教育を通じての再発防止―など６点を要求。「慰安婦」問題の解決と現在も続く戦時性暴力を根絶するため、より広範な国際連帯を形成するよう呼びかけました。

二　国際基準に則って事実認めよ――中国人「慰安婦」訴訟弁護団長大森典子さん

この問題の核心は、被害者の侵害された人権をどう回復するか、ということです。

日韓合意の岸田外相の発言の第1項は、安倍首相が「慰安婦としてあまたの苦痛を経験されたすべての被害者に「心からおわびと反省の気持ちを表明する」となっています。

しかし国会で安倍首相は「性奴隷」や「強制連行」の事実を否定し、被害者に向けた謝罪の言葉を拒否しました。日本が支払う10億円は賠償ではないと強調し、おわびの手紙も「毛頭考えていない」と一蹴しました。

被害者が求めているのは、国際基準にのっとって事実をありのままに認め、被害者に心からの謝罪の言葉を届けることです。この点で安倍首相の言動はおよそ謝罪に値しません。

米国は１９８８年、戦時中の日系人に対する強制収容が重大な人権侵害であったことを公式に認め、謝罪と賠償をしました。再発防止のための教育を行う基金も設立しました。

日本軍「慰安婦」問題でも日本政府は、重大な人権侵害の事実と責任をきちんと認めて謝罪すべきです。謝罪の証しとして賠償も支払う。再び歴史を誤らないよう真相の究明や、再発防止のための教育をし、「慰安婦」問題を記憶・継承することを具体的に実行することが必要です。

慰安所の設置・管理などへの「軍の関与」を認めた93年の河野談話から二十数年たちました。

その間に「慰安婦」問題の研究は発展しました。いまでは軍が「主体」で慰安所をつくり、女性たちを集めて管理・統制し、性の相手を強要したという日本軍の違法行為が明らかになっています。日本政府の責任はいっそう明確です。安倍政権は学問・研究の成果を踏まえ、歴史の教訓にするべきです。

三　過去でなく現在進行形の問題――明治学院大学国際学部教授阿部浩己さん

日本軍「慰安婦」問題が大きな問題となったのは1990年代です。当時は①国家間の外交問題②過去に発生した問題―として扱われがちでした。

それが21世紀に入ると、認識が明確に転換しました。①人権の問題であり国家と個人の問題②現在進行形の問題―となりました。

「慰安婦」問題を人権という視点から語り直し、解決に導いていくというのが現在の国際社会の潮流です。キーワードは「被害者中心のアプローチ」。被害者の声を組み入れていく形で、被害者を権利の主体として承認し、尊厳が回復されるよう努力することが求められています。

韓国政府は日韓合意に関する検証結果を発表した際、「被害者中心のアプローチが慰安婦交渉の過程で十分に反映され」なかったとのべました。同様の指摘は2016年、国連女性差別撤廃委員会による日本の定期報告審査の際にもなされています。

戦後補償について日本政府は、日韓請求権協定などで請求権に関する問題は「解決済み」として、責任を追及されることはないという立場です。しかし、個人が国家に対して人権義務の履行を求める権利は、人権諸条約で保障されています。日韓合意で「最終的かつ不可逆的な解決」を唱えたところで、日本の国家責任に終止符を打つことは本来的に不可能なのです。

（２０１８年４月15日号日曜版　本吉真希）

4　独立運動と連帯し真実を報道する「赤旗」

（1）『戦争の真実』韓国版「まえがき」――ふたたび韓国の読者のみなさんへ

■「三・一運動」記念日に

証言によって、侵略戦争と植民地支配の実相に迫ろうとした本書『戦争の真実　証言が示す改憲勢力の歴史偽造』は、『語り継ぐ　日本の侵略戦争と植民地支配』（2016年3月発行）の姉妹編です。いずれも、日本共産党の機関紙である「しんぶん赤旗」の編集局の編著で、前著に続き本書も、建国大学KU中国研究院の海外名著翻訳叢書として、韓国で出版の運びとなりました。このうえない光栄であり、出版にご尽力いただいた同研究院の韓仁熙《ハンインヒ》院長はじめ関係者のみなさんに感謝申し上げます。

今年は、1919年3月1日に朝鮮全土で起こった歴史的な独立闘争「三・一独立運動」から

１００年にあたる節目の年です。私は昨年3月、建国大学の招きで訪韓したさい、京郷新聞のインタビューを受けました。そこで、「三・一独立運動」について問われたので、私は、韓国の独立運動への支持、連帯をよびかけた戦前の「赤旗《せっき》」紙面のコピーも示しながら、「三・一運動後１世紀の間、世界的に植民地支配の体制が崩壊した。また、国民主権、つまり民主主義の流れが強まった。このような前向きな流れに三・一運動は大きく貢献したと思います」と語りました。その歴史的記念日に本書が韓国で出版されることは、赤旗編集局にとって望外の喜びです。

■「戦争の真実」究明と教訓の継承になぜこだわるのか

韓国での出版にあたって、私は、一連の本のテーマである侵略戦争と植民地支配の実態の究明と教訓の継承に、赤旗編集局がこだわる理由、すなわちその取材と執筆の動機について、一言述べておきたいと思います。

一つは、私たちのアイデンティティーともいうべき問題、歴史に対する責任です。

「赤旗」は、１９２８年2月に、日本共産党の機関紙として創刊され、昨年90周年を迎えました。当時、絶対主義天皇制政府がすすめる侵略戦争と植民地支配に対して、公然と異を唱え、反戦・平和のたたかいをよびかけた日本の政党は日本共産党だけであり、メディアは「赤旗」だけでした。そのため、「赤旗」は非合法による発行を余儀なくされ、その発行自体が命がけのたたかいでした。「赤旗」は、天皇制政府の度重なる弾圧によって１９３５年、第１８７号をもって発行不能に陥りましたが、創刊以来7年間の紙面には、反戦平和、植民地支配反対のたたかいがしっかりと刻み込まれています。このたたかいは、戦後、著名な知識人によって、日本共産党は「反戦によって日本人の名誉を救った」と評されました。そして、この主張が正しかったことは、日本帝国主義の敗北によって証明されるとともに、戦争放棄、主権在民をうたった現日本国憲法に結実しました。

戦後、「赤旗」は復刊され、その後、戦前の反戦平和の伝統を引き継ぎつつ、タブーなく真実を伝える国民共同の新聞としての歩みを着実に進めてきています。

ですから、あの戦争は何だったのか、植民地支配とはいかなるものだったのか、その実態を掘り起こし、絶えず検証し、日本が二度と過ちを繰り返さないために、その教訓を次代に引き継ぐことは、私たち赤旗編集局の第一級の責務だと自覚しています。

もう一つの理由は、歴史修正主義の潮流の強まりが、私たちの仕事を後押しする強烈な動機となっていることです。本書「戦争の真実」のサブタイトル「証言が示す改憲勢力の歴史偽造」にも、そのねらいが示されています。

歴史偽造の危険性は、戦後70年にあたっての安倍首相談話（2015年8月）にはっきりと表れました。「安倍談話」には、「侵略」「植民地支配」「反省」「お詫《わ》び」などの文言はちりばめられたものの、日本が「国策を誤り」「植民地支配と侵略戦争」を行ったという「村山談話」に示された歴史認識の核心的内容はまったく語られませんでした。談話でより重大なことは、暴力と強圧をもって朝鮮半島の植民地化をすすめた日露戦争を「植民地支配のもとにあった、多くのアジアやアフリカの人々を勇気づけました」などと賛美したことです。乱暴きわまりない歴史の歪曲、植民地支配正当化論というほかありません。

これは決して偶然ではありません。安倍政権が、侵略戦争を肯定・美化し、歴史を偽造する極右勢力によって構成され、支えられているという問題が根底にあります。安倍首相本人を含めて、安倍政権の閣僚のほとんどが、「日本会議国会議員懇談会」「神道政治連盟国会議員懇談会」の構成員であることが、そのことを示しています。

■「歴史タブー」ともいうべき、日本のメディアの弱点

この点で、もう一つ指摘したいのは、「歴史タブー」ともいうべき、日本のメディアの歴史問題にかかわる弱点の問題です。日本の大手新聞は侵略戦争と植民地支配に加担しながら、真剣な反省も総括もなく、戦前・戦中の旧経営陣の多くも居座ったまま、戦後も新聞発行を続けました。「満州事変」（１９３１年）を契機とした侵略戦争への露骨な協力には一定の反省を示しても、韓国などへの植民地支配に対する反省はほとんど行ってこなかったのが実態です。ですから、歴史問題、とりわけ植民地支配への反省という点では、日本政府の認識と変わらないほどの弱点を抱えているのです。

実際、昨年10月の朝鮮人「徴用工」問題での韓国大法院判決をめぐる報道・論評では、その弱点が浮き彫りになりました。韓国大法院が、元徴用工に賠償を命じる判決を言い渡したのに対して、安倍首相は「国際法に照らしてあり得ない判断だ」と居丈高に切って捨てる対応をしたのに対して、日本のほとんどのマスメディアは政府の姿勢に追随し、「韓国けしからん」の大合唱を

演じたのです。

徴用工問題の本質は、日本の侵略戦争、植民地支配と結びついた重大な人権問題です。本来なら加害者の日本政府と当該企業は過去の誤りへの真摯な反省を基礎に、被害者の尊厳、名誉を回復するために努力すべきです。

日本共産党はこの立場から見解を発表、日韓請求権協定によって国家間で請求権の問題が解決されたとしても、被害者個人の請求権は消滅しないということは日本政府も認め、この点で韓国政府も一致していることを指摘、「この立場に立って、日本政府と当該企業は、『解決済み』という立場でなく、被害者の名誉と尊厳を回復し、公正な解決をはかるために、誠実に努力をつくすべき」と、冷静な対応を求めました。

ところが、日本のメディアは、徴用工判決に対して「ありえない判決」と切って捨てる日本政府に追随するだけで、権力の監視や歴史の検証など本来の役割を果たさなかったのです。日本の歴史学者の次の指摘は本質をついたものだと思います。

「今回、マスコミの反応などを見ても、日本政府と軌を一にして、最初から『韓国はけしからん』という論調です。歴史の事実を直視しない問題と同時に、近隣アジアの人たちを下に見る目線・価値観が非常に影響していると思います。こういう問題では、マスコミは固まってしまう。もし、戦争になったら、いっせいに政府の応援団になりかねない素地が見えて、不安ですね」

(明治大学教授の山田朗氏)

私は、それだけに「しんぶん赤旗」というメディアが、侵略戦争と植民地支配の問題に正面から取り組むことが決定的に重要だと思うのです。

■歴史問題の解決、真の友好発展のために

前著『語り継ぐ　日本の侵略戦争と植民地支配』は韓国でも好評を博し、メディアからも「加害国である日本から、それも戦後世代の記者たちが自国の恥部を自らあらわにして告白したという点で一縷《いちる》の望みを発見できる」（韓国経済）、「日本の政治家の妄言に憤怒しても、植民地支配を心から反省して軍国主義を警戒する良心的な日本人が少なくないことを忘れてはいけないということを訴えている」（東亜日報）、「日帝の侵略の現場を追跡、日本の言論人らの良心の告白」（国際新聞）など、過分な評価をいただきました。

同時にここで一つ強調したいことは、日本で、戦争の真実に正面から向き合い、歴史を偽造する修正主義勢力と果敢にたたかっている人々は、決して少数派ではないということです。日本ではいま、暴走する現政権に対して、市民と野党の共闘が大きく前進しています。「戦争する国づくり」と結びついた憲法9条改憲の動きに対して、「安倍9条改憲許さない」という一致点が広がりつつあります。そこに大きな希望があります。

「三・一運動」100年という歴史の節目に発行される本書が、歴史問題の解決、日韓の真の友好関係の発展、北東アジアと世界の平和につながることを願って、韓国の読者のみなさんへのごあいさつとします。

2019年2月1日　「赤旗」創刊91周年記念日に　赤旗編集局長　小木曽陽司

（2）韓国・朝鮮人民との連帯・交流つらぬいて――戦前の「赤旗」紙面から

日本の朝鮮植民地支配を揺るがした一九一九年の「三・一独立運動」から、来年で100年になります。この運動は、韓国併合を強行し朝鮮半島を植民地化した日本帝国主義＝天皇制政府にたいする朝鮮民族の痛烈な回答でした。こうした三・一運動や植民地支配にどういう態度をとってきたのか、韓国・朝鮮の人たちと、どのようにかかわってきたか。100年の節目は、メディアのあり方をふくめ、改めて問われる機会となります。

その視点から戦前の日本共産党機関紙「赤旗《せっき》」の紙面を振り返ると、時代の制約に負けない「赤旗」と韓国・朝鮮人との深いかかわりがみえてきます。

■反植民地から生活防衛まで

1928年2月1日に創刊された「赤旗」と韓国・朝鮮人とのかかわりは、天皇制政府の朝鮮人敵視・差別政策をはね返し、「兄弟的」ともいえる広く深いものがありました。なによりも、韓国併合や植民地支配に反対するメディアが存在しない時代に、一貫して朝鮮・台湾等の植民地の完全独立を堂々と主張し、植民地にされた人たちの反植民地・独立の闘争を取り上げ支援したことです。それだけではありません。朝鮮半島で、あるいは日本各地で、生活と権利を守るため果敢にたたかう姿を紙面で伝え、韓国・朝鮮の人たちを励まし続けたことです。「赤旗」は天皇制政府による度重なる弾圧によって1935年、第187号をもって発行停止を余儀なくされましたが、7年間のページをめくると、血と涙のたたかいとともに、時には楽天的ともいえる連帯・交流の様子が伝わってきます。

以下、当時の「赤旗」紙面から、おもな関連記事をジャンルごとに紹介します。

一　「赤旗」紙面掲載の朝鮮関連記事から

■朝鮮の独立、反植民地のたたかいめぐって

創刊以来、侵略戦争と植民地支配に命がけで反対し、「朝鮮独立闘争への連帯」を烈々と訴えました。とくに、植民地化と暴圧に抗し朝鮮全域で最初の民族的暴動となった三・一運動を記念する「三・一闘争」とともに、韓国・朝鮮人民が「国恥の日」と呼ぶ韓国併合を強行した1910年8月29日を記念する「8・29闘争」を毎年のようによびかけ、その取り組みを紹介しています。なかでも、1923年の関東大震災時に多数の在日朝鮮人が虐殺された歴史について、日本の労働者階級にとって「恥ずべき頁」だとし、その雪辱をよびかけて朝鮮人民との連帯を表明していることは、今日にもつながる重要な行動提起となっています。

▼28年2月1日創刊号　総選挙政策で、帝国主義戦争反対とともに、朝鮮、台湾等の「植民地の完全なる独立」を掲げる。

▼31年3月1日第35号（写真①）「三・一記念日」と題した論評。三・一運動での朝鮮人民の行動は「被圧迫朝鮮民族が日本帝国主義に反対して起った最初の暴動」と指摘。劣悪な条件下に置かれた在日朝鮮人に対し、関東大震災での虐殺を許したことは日本の労働者階級にとって「最も恥ずべき頁として記憶しなければならぬ」とのべ、「我々日本のプロレタリアートはこの時の恥

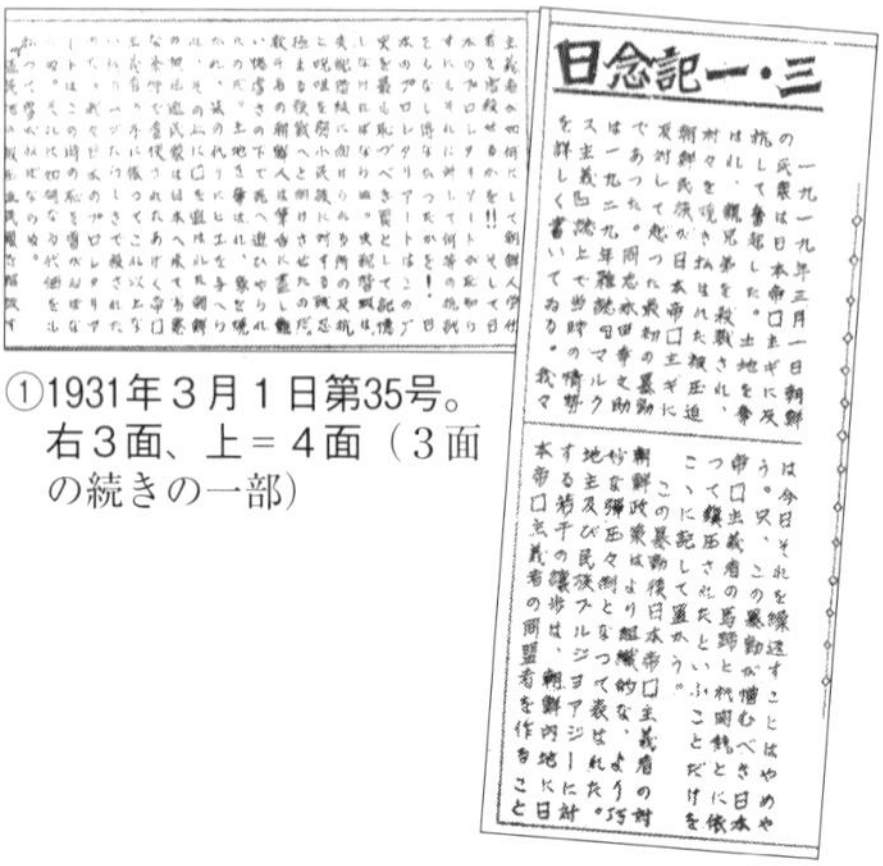

①1931年３月１日第35号。右３面、上＝４面（３面の続きの一部）

②1931年８月30日第51号
③1932年３月２日第63号

を雪がねばならぬ」と植民地独立へ朝鮮人民との連帯を表明している。

▼31年8月30日第51号（写真②）「八月二九日！　日本帝国主義が朝鮮を掠奪した日」と題した論評。韓国併合で「朝鮮民族は……日本帝国主義の掠奪と迫害との下に置かれた」とし、三・一とともに8・29を「日本プロレタリアートが植民地独立の為に闘争しなければならぬという決心を深める日として記念されねばならぬ」と訴える。

▼31年8月30日第51号「日韓併合の革命的記念の為に」との論評。明治維新以来の日韓関係や韓国併合など日本による侵略の経緯を紹介。「日本最大の植民地、そして満蒙侵入への軍事的重要地としての朝鮮に於〔け〕る革命運動の進展」の意義を強調し、「緊密なる共同の下に日本の帝国主義ブルジョアジーの独裁をうち倒す為に全力を尽〔く〕す」と呼びかける。

▼32年3月2日第63号（写真③）「今年の三・一デー!!　朝鮮民族解放記念日を如何に斗うべきか？」の論評。「日本帝国主義を共同の敵とする日本、朝鮮、台湾及び中国の労働者農民、凡ゆる被抑圧、被搾取勤労大衆の解放」へ連帯したたたかいを訴える。

▼32年8月20日第91号「八月二十九日を日鮮労働者農民の革命的協同闘争によって記念せよ！」「日本帝国主義者による朝鮮掠奪の日に朝鮮の勤労被圧迫民衆に呼びかける」との党中央委員会の訴え。

▼33年8月21日第155号「★八・二九――朝鮮強奪の日　★九・一――大震災テロルの日　日鮮労働者は共同闘争で天皇制テロルに逆襲せよ！」の訴え。日本の労働者が先頭にたって日鮮労働者共同の集会・行動等を組織するよう呼びかける。

■朝鮮での人民のたたかいとくらし

日本に支配された植民地朝鮮での人びとの苛烈なたたかいやくらしぶりを、現地からの通信などで紹介しています。独立・反植民地の運動とともに、工場で農村で町での、労働者や農民、住民、学生らのさまざまな取り組みの様子が、生き生きと伝わってきます。「植民地情報」と題した常設コーナーを設けて各地の動向・情報を提供していることも注目されます。

「植民地情報」から

▼32年4月23日第72号「梁山署襲撃の農民起訴」／「全道に亘り思想取締警官大増員」／「満州革命運動の圧殺に協力する朝鮮総督府」／「在満鮮農を荒地に追返す」

▼32年6月5日第77号（写真④）「朝鮮国境で大規模の演習」／「配水を要求して鮮農百余名のデモ」／「全鮮の警官に日本刀を配給」

各分野での動き

▼32年5月20日第75号「賃金値上を要求　朝鮮燐寸工罷業」／32年6月5日第77号「ソヴエート同盟の石油が朝鮮へ来る――弟からの手紙」／32年7月1日第81号「元山の学生に弾圧」／32年8月20日第91号「高敞窮民六百余兄弟腕を組んで　露積強制分配を要求す」／33年1月10日第113号「朝鮮にも農民闘争絞殺の小作『調停』法発布」／33年3月10日第124号（写真

⑤「朝鮮　三百の〔東洋〕製糸女工　犠牲者を奪還！　事務所を包囲して賃上げのスト続行」／33年4月11日第131号「賃下げ反対　朝鮮〔栗田ゴム〕の姉妹勝つ」

天皇制権力による過酷な弾圧実態をルポで告発

▼32年11月20日第106号「朝鮮に於ける抑圧の強化と政治犯人の闘争」と題したカコミ記事

「朝鮮に於ける白色テロルは酷烈を極めている。……朝鮮共産党の活動のみならず、独立運動、学生の共産主義の研究、文書の出版等がすべて治維法違反として起訴されている。逮捕されたものは例外なく拷問されており、一年以上も警察に監禁され、拷問と不衛生のために警察で死亡するものが極めて多い。……西大門刑務所だけでも六百名以上の未決政治犯人が監禁されている……」

植民地情報

貿易の惡化

朝鮮國境で
大規模の演習

人夫總勢二萬
吉會線工事始まる

配水を要求して鮮農百餘名のデモ

全鮮の警官に
日本刀を配給

朝鮮

三百の製絲女工
犠牲者を奪還！
事務所を包圍して
賃上げのスト續行

朝鮮慶南鎭海の三井系東洋製絲會社の少女工三百名は賃銀年にタッタ二、三十圓、その中から、勞働强化で起る過失に年十餘圓も拂はせられる。そこへこの一月から非常時を口實に十三時間勞働に延長された。姉妹は全部十四歳から十九歳までの少女だが、遂に積りつもつた日頃の不滿が爆發し、四日朝から全部結束して左の要求を掲げてストを決行した。最低賃銀廿五錢確立。八時間勞働制。寄宿舍の食事改善。罰金制の撤廢。虐待反對。

此の止むに止まれぬ要求に對し會社は野獸にも等をふりで二十餘名の官憲が馳けつけ先に立つた姉妹二十名を暴行して檢束した。だが姉妹は少しもひるまず直ちに「犠牲者を返せ」と、凍る手足も闘志に燃えて物ともせず一里餘りを跣足で警察へ押しかけ、遂に十七名を奪還した翌五日には殘る三名を奪還しようと再び押しかけたが官憲はこの少女達に武裝して妨害し、果させなかつた。會社は、新に五十名雇ひ入れて六日迄就業させたが、爭議團の氣勢に恐れて七日遂に休業した。そして警察と共力して百餘名をおどし、すかして社員と官憲の監視付きの

上＝④1932年6月5日第77号
下＝⑤1933年3月10日第124号

■在日のたたかいとくらし、広がる共同闘争

1930年当時、すでに約30万人にのぼっていた在日朝鮮人は、その後も年を追うごとに膨れ上がりました。「赤旗」は創刊当初から、劣悪な生活環境、過酷な労働、差別的低賃金を強制された在日朝鮮人と連帯し、その生活と権利、生きる尊厳をかちとるために立ち上がっている姿を伝えています。全国各地で官憲や会社側の横暴に抗してたたかう、日本と朝鮮の労働者らの共同の姿を力強く、時にはユーモアをまじえて報じているのが特徴です。

▼32年4月8日第69号（写真⑥）「耕地整理工事に働く日鮮の労働者　共同してストライキ」日本人労働者（貧農民）と朝鮮人労働者三百五十名が固く腕を組んだ共同闘争が去る二月新潟の農村で闘われた。これはその情報である……こんな前文付きでたたかいをルポ。

▼32年4月8日第69号「三・一紀念日の闘争　芝浦失業読者班通信員」朝鮮文、日本文のビラを二十九日夕方配布した。計五十五箇所の飯場に二百二十余枚まいた……六時半からの懇談会は二十人出席、一人一人が三・一闘争参加の経験談その他を話した。未組織の一労働者は「十四年前に流した血をどうして忘れる事ができるか俺は今日からほんとに闘うことを決心した」という話を「感極まって為し」……。

▼32年5月20日第75号（写真⑦）「全国に闘われたメーデー闘争〔愛知〕豊橋の日鮮労働者団結　罷業して参加す　解散後も警察署を襲撃　検束者全部奪還」

▼32年7月30日第87号（写真⑧）「〔東京・豊島区〕長崎町失業者　釈放要求のデモ」

▼32年11月15日第105号付録婦人版「米券を闘い取った朝鮮失業婦人」　江東橋職業紹介所の失業朝鮮婦人は十三人と十人の二組に分かれ、子どもを連れてそれぞれ方面委員の所に「俺達は飯が食えないいんだ　米を呉れ！」と押しかけた。……お母さんも子どもも米券四枚ずつもらって引き上げた。

▼33年1月20日第114号「賃金値上げしろ！と九百の日鮮労働者　豊橋市役所へ押〔し〕かく」　市の下水道工事中の日鮮労働者千五百名中九百名は全協の指導で市役所に押し掛けた……約千名の労働者が紹介所前で労働者大会を開き、代表を選んで要求が通るまで闘うと頑張った。

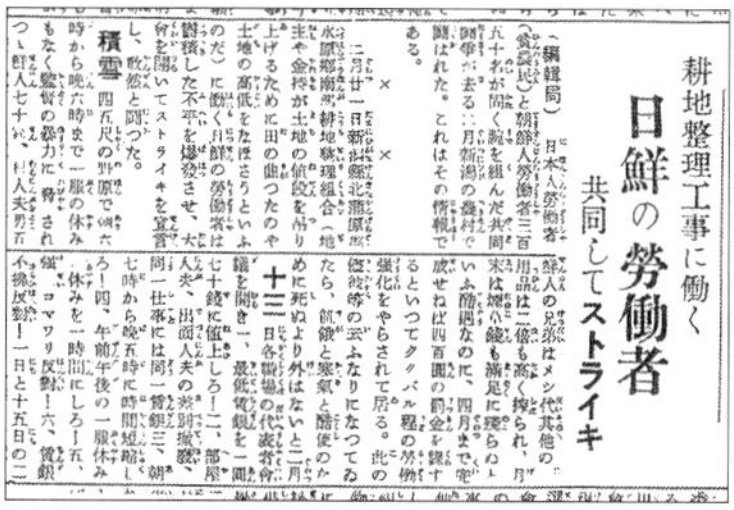

耕地整理工事に働く
日鮮の労働者
共同してストライキ

（編輯局）日本人労働者（貧農民）と朝鮮人労働者三百五十名が固く腕を組んだ共同闘争が去る二月新潟の農村で闘はれた。これはその情報である。

× ×

二月廿一日新潟縣北蒲原郡水原郷南部耕地整理組合（地主や金持が土地の値段を吊り上げるために田の曲つたのや土地の高低をなほさうといふのだ）に働く日鮮の労働者は鬱積した不平を爆発させ、大会を開いてストライキを宣言し、敢然と闘つた。

積雪　四五尺の野原で朝六時から晩六時まで一服の休みもなく監督の暴力に脅されつゝ鮮人七十銭、日人夫男五……鮮人の兄弟はメシ代其他の用品は二倍も高く搾られ、月末は嬶や餓鬼も満足に養へぬといふ酷遇なのに、四月まで完成せねば四百圓の罰金を課するといつてクタバル程の労働強化をやらされて居る。此の侵略者の云ふなりになつてゐたら、飢餓と寒気と酷使のために死ぬより外はないと二月十三日各職場の代表者会議を開き一、最低賃銀を一圓七十銭に値上しろ！二、部屋人夫、出面人夫の差別撤廃、同一仕事には同一賃銀三、朝七時から晩五時に時間短縮しろ！四、午前午後の一服休みの休みを一時間にしろ！五、賃銀コマワリ反対！六、賃銀不払反対！一日と十五日の二……

全國に闘はれたメーデー闘争
豊橋の日鮮労働者團結
罷業して参加す
解散後も警察署を襲撃
検束者全部奪還

豊橋　市に於けるメーデーは豊橋合同労働の指導の下に行はれ、参加人員土建労働者三百名、工場労働者二百余名その中多数の朝鮮人労働者が参加したが、当日は朝鮮人上水道工事場で働いてゐた土建労働者達は「ストを以てメーデーに参加せよ！」「ダラ幹と官許メーデーを粉砕せよ」と演説会を開きスト決行メーデー参加を決議し二百余名の

日鮮　労働者はガツチリ隊を組み現場よりデモをもつてメーデーに参加せんとしたので警察当局は「それ全協の策動だ」と狼狽し、警察本部では此の占領のメーデーをそつちのけで多数スパイを繰出させ、当日のデモ参加組合団体の隊列順変更を強要し労大党系組合及び労大党支部をデモの先頭にするならば許可するもなければ不許可だと威嚇した。司会者ダラ幹共はデモ配列順の争奪を当局とのなれ合ひで勝手に決めたので大衆は激昂し、ダラ幹を絞れを……

上＝⑥1932年4月8日第69号
下＝⑦1932年5月20日第75号

長崎町失業者
釋放要求のデモ

十八日、府下長崎町の建場の兄弟を中心とする失業朝鮮の兄弟は五六十人が階級裁判絶対反対、共産党員即時釈放等のスローガンを高唱しつゝおかみさん連中がとび出して目をみ張る中を悠々デモを敢行した。

決議文

俺達労働者の真実の味方―英雄的闘争によつて常に俺達の闘争の先頭に立つた前衛士に対する天皇制資本家地主の階級裁判絶対反対だ。日本共産党員を即時釈放しろ！

一切の労働者農民抑圧法を即時撤廃しろ！

警察費軍事費を失業者によこせ！

中國から即時撤兵しろ！

ソヴエート同盟、ソヴエート中國を守れ！

帝國主義戦争反対！

全勤労大衆は共産党の旗の下に！

ブルジョア地主的天皇制打倒！

労農ソヴエート日本樹立万歳！

右決議す。

東京電球工有志

⑧1932年7月30日第87号

▼33年1月25日第115号　「朝鮮労働者、賃上げと差別反対を叫んで闘う！　遂に国粋会と武装衝突」　静岡県熱田道路工事は請負の飛島組が朝鮮人失業者を安い賃金でこき使い、憤慨した「兄弟」は「全員採用、日給一円三十銭、八時間労働」の三要求を掲げ、失業者同盟を作って闘ってきた。ところが飛島組を応援する国粋会では日本刀・竹槍で武装した暴力団百名で朝鮮人を襲撃せんとしたので鮮人三百名すぐ竹槍で身を固め……一七日早朝、ついに武装衝突した。……

▼33年1月25日第115号　「日鮮労働者団結して賃上げのスト準備　天皇先祖の拡張工事で」　三重・宇治山田市の伊勢神宮料田拡張工事は内務省の失業救済事業だが、これに働く朝鮮人百人、地方人夫五十人。土地人夫百人は十一時間半労働で賃金がたった部屋人夫一円、土地人夫甲八十五銭、乙七十五銭で、丙六十五銭。しかも監督は「神宮工事だから奉仕的にやれ」とムリヤリやらせる。……当市を「社都」と呼んで天皇万歳！　の思想を吹き込み、闘争を起こさせまいとしているだけ、山田警察は内にスパイを入れたり、正面から弾圧したりで切り崩そうとしているが「兄弟」はますます結束を固めている。

▼33年2月25日第121号　「紹介制度改悪反対を叫んで　所長に投石して闘う！〔大阪〕京橋紹介所の日鮮労働者」　……党及び全協は直ちに対策を立て、この闘争を一時的な闘争に終わらせず、軍事費で失業者を救え！　戦争反対の要求に高め、三月五日の失業反対デーに大衆的組織的にたたかうべく活動に移った。

▼33年5月16日第136号　「参加したとて全員解雇　百七十名事務所占領　富山署の暴圧、六十名検挙」　富山・高岡間国道改修工事に従事する日鮮労働者たちは七時間労働制を要求し……

メーデー当日「公休日にして日給を支給せよ」と叫び、当局の参加禁止にかかわらず全員メーデーに参加しデモの先頭に立った。

▼33年7月6日第146号「神戸　工場閉鎖をストで撃退　日鮮労働者手を握る」兵庫・神戸西部の山栄ゴムでは工場が閉鎖されたため、朝鮮の「兄弟」だけ（八十名中二十一名）工場閉鎖絶対反対、仕事を出せ！　と叫んでストライキに起った。……一週間がんばり、会社は無一文で放り出す心積もりだったのが、とうとう一カ月五円の手当と七月から仕事を与えるという条件で屈服した。……

▼33年8月11日第153号「日鮮労働者団結　旗読者増加　獲得手当を水害基金に」お盆手当一円を獲得した××立場の「兄弟」はお盆会を開いて……席上直ちに朝鮮南部地方水害基金五円十銭を集め、さらに、この闘争から赤旗読者を新たに二名獲得した。

萬國の勞働者★　第十七號　（附録東京地方版）　（四）

8.29朝鮮強奪記念日を期し日鮮勞働者共同鬪爭へ！

日鮮勞働者固く結んで再びストライキに起つ

全職場應援に蹶起

大暴壓に屈せず再びスト

全職場應援に起つ

湘南一帯鬪爭のルツボ

突撃デモでストを

六十三名の日鮮勞働者

反戰支持委員會結成

（通信員）△△地區××飯場の日鮮の革命的勞働者諸君は先頭にたつて遂に六十三名の日鮮勞働者から成る大衆的上海反戰大會支持委員會を結成する事に成功した。革命的兄弟達は皆で一日愉快に懇談しようと提唱し、去る××日六十三名の兄弟達參加で大衆的懇談會を開く事が出來た。常日頃燃えるような不平不滿を持つてゐる兄弟達だ。すぐ職場の不平、飯場主の横暴に對する憤りが激しく語り合はされたので、革命的兄弟達は生活が次第に惡化し、生活を守るための吾々の鬪爭に對して天皇制警察テロルが日に〱激しくのしかつて來てゐるのは戰爭のためであり、銃後を安全にする暴力である事、上海反戰大會を何故開くか、反戰鬪爭の大切な事を説明した。

かくして全員の贊成で反戰會議支持委員會を結成し、「世話役（これを擴大するための委員）×名を選出すると同時に五十三錢の大會基金、五十二錢の犧牲者同志の救援基金がナケナシの財布から集めた。

委員には朝鮮勞働者三名、日本人一名選ばれ、八・二八恥辱的「日韓合併」記念日、上海反戰大會を前にして日鮮共同の反帝國主義的鬪爭の反戰鬪爭が激しく起らうとしてゐる。

上＝⑨1933年８月21日第155号
下＝⑩1933年９月６日第157号

▼33年8月21日第155号（写真⑨）「日鮮労働者固く結んで再びストラ

イキに起つ　大暴圧に屈せず再びスト　全職場応援に起つ　湘南一帯闘争のルツボ」八・一に全要求を獲得した神奈川地区△△職場の「日鮮兄弟たち」に工場閉鎖と天皇制警察のテロルがのしかかっている。……この闘争は間もなく迫る丹那トンネル完成による大衆馘首に対する巨大な闘争へ拡大発展せんとしている。

▼33年9月6日第157号（写真⑩）「六十三名の日鮮労働者　反戦支持委員会結成」△△地区××飯場の日鮮の革命的労働者諸君はついに六十三名の日鮮労働者からなる大衆的上海反戦大会支持委員会を結成……。生活が次第に悪化し、生活を守るためのわれわれの闘争に対して天皇制警察テロルが日に日に激しくのしかかって来ているのは戦争のためであり、反戦大会を何故開くか説明した。委員には朝鮮労働者三名、日本人一名が選ばれ、日鮮共同の反帝国主義的闘争の反戦闘争が激しく起ころうとしている。

■交流・連帯の広がり

「赤旗」が朝鮮・韓国の人たちとのかかわりを重視し、協力・共同に努めていたことは紙面の随所から伝わってきます。なかでも朝鮮語の雑誌、ビラ発行の意義を強調したり、紙面に朝鮮語欄の新設や朝鮮語版の発行を求める投稿まで掲載し、日本語が読めない・苦手の人たちにも積極的に働きかけようとしている編集意図をうかがわせます。

▼32年4月8日第69号「三・一紀念日の闘争　朝鮮語のビラに就て」の記事。「内容が若干抽象

的でありプリントが下手であったにも拘わらず党の名で朝鮮文のビラの出た事は大きな反響をまき起こした……党はすぐそばにあるという感じをあたえた」

▼32年4月18日第71号（写真⑪）「朝鮮語の雑誌『俺達の同志』発刊　コップ朝鮮協議会から」の記事。「メーデーを期して朝鮮語雑誌『俺達の同志（ウリトンム）』を……出すことになった。これは、すべての朝鮮労働者と、日本文を読めない朝鮮労働者とのための大衆的な朝鮮語の雑誌である」

朝鮮語の雑誌
「俺達の同志」發刊
コップ朝鮮協議會から

プロレタリア文化聯盟中央協議會の下に朝鮮協議會が設置されたが、朝鮮協議會ではメーデーを期して朝鮮語雑誌「俺達の同志（ウリトンム）」を文化聯盟出版所から出すことになつた。これは、すべての朝鮮労働者と、日本文を讀めない朝鮮労働者とのための大衆的な朝鮮語の雑誌である。朝鮮協議會は、その發刊に際して、「日本の労働者農民、並に日本の朝鮮労働者諸君がこの讀者になると同時に、自分の工場農村の朝鮮労働者仲間に讀ませろと勧し、この雑誌を出すために、一錢でも二錢でもよいから工場農村から基金を送つてくれるように」訴へてゐる。全朝鮮労働者は、皆んなこの雑誌を讀むように、仲間を募つて前金注文で申込まう。

れはストライキの計劃と準備を不斷にやつてのみ可能だ。細胞はかゝる準備活動中に、闘争委員會の正しい指導に全力を集中せねばならぬ。そして革反のメンバーを闘争委員會を通じて大衆的に獲得すること、細胞に新しい勢力を吸收し任務の分擔をやらせると、――かゝることが現在必要である。革命的反對派が組合員大衆の指導權を握るために今組合議員會（組合）内で活潑な活動を起せ！

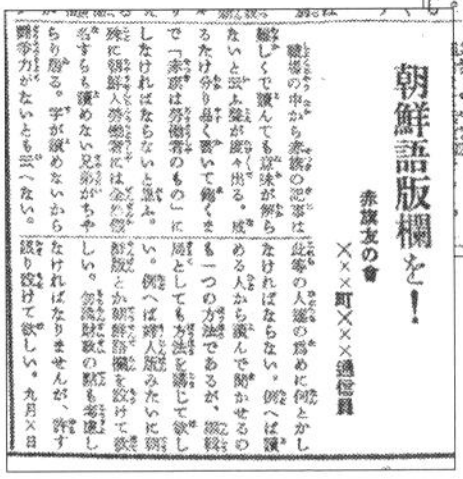
朝鮮語版欄を！
赤旗友の會
×××町×××通信員

職場の中から赤旗の記事は難しくて讀んでも意味が解らないと云ふ聲が度々出る。成るたけ分り易く書いて働くものゝ手で「赤旗は労働者のもの」にしなければならないと思ふ。殊に朝鮮人労働者には全然假名すらも讀めない兄弟がかなり居る。字が讀めないから闘争力がないとも云へない。此等の人達の為めに何とかしなければならない。例へば讀める人から讀んで聞かせるのも一つの方法であるが、編輯局としても方法を講じて欲しい。例へば婦人版みたいに朝鮮版とか朝鮮語欄を設けて欲しい。労農財政の點も考慮しなければなりませんが、許す限り設けて欲しい。　九月×日

上＝⑪1932年４月18日第71号
左＝⑫1932年10月30日第102号

▼32年10月30日第102号（写真⑫）「朝鮮語版欄を！　赤旗友の会××町×××通信員」「職場の中から赤旗の記事は難しくて読んでも意味が分からないと云う声が度々出る。……殊に朝鮮人労働者には全然仮名すらも読めない兄弟が……いる。此等の人達の為に何とかしなければならない。……編集局としても方法を講じて欲しい。例えば婦人版みたいに朝鮮版とか朝鮮語欄を設けて欲しい」

▼33年8月21日第155号「国恥記念日〔8・29〕に朝鮮語居住新聞を発行」「西南地区××立場の兄弟は……居住新聞の発行を通じて、日鮮合併国恥記念日八・二九、九・一、青年デーの闘争を激発する事を決議した。すでに朝鮮語の居住新聞第一号、第二号、

八・二九のビラの発行が着手されている」

二　差別と迫害に抗して――「赤旗」報道の画期的意義

韓国・朝鮮人との連帯・共感をかかげた戦前の「赤旗」報道は、当時の日本社会で極めて異質でした。国家権力やメディアによって植民地支配や民族蔑視が当然視され、排他的な風潮がつくりだされていた時代です。それに抗して、韓国・朝鮮の人たちとの連帯と、なによりも植民地に反対し独立の要求を自身の要求として正面から掲げました。この「赤旗」のもつ特別な存在意義は、母国を奪われた人たちが日本でどういう状態に置かれていたか、その時代状況を知ることでより明らかになります。

■日本によって土地を奪われた朝鮮半島の農民

在日朝鮮人が急速に増えだすのは第一次大戦中の１９１７年前後からです。日本による韓国併合直後の１９１１年、２５２７人だった在日朝鮮人は、１９２０年には3万１８９人へと10倍以上に。１９２４年に約12万人、１９３０年には約30万人へと急増します。その多くが京浜、阪神など工業地帯周辺に集中します。いわゆる「戦争特需」で労働力不足のなか、低賃金・長時間労働を強いられた朝鮮人労働者は、当時の日本経済・社会を底辺から支える存在となっていました。

忘れてはならないのは、こうした人たちの多くは日本によって土地を奪われ、生活に困窮し、朝鮮半島を離れざるを得なかった農民だったことです。併合翌年の1911年から8年余をかけて朝鮮で実施された朝鮮総督府の土地調査事業によって、代々の農地が乱暴に収奪され、離農に追い込まれた結果です。満州、シベリア、そして海峡を渡り日本の工業地帯、炭鉱へと流れ、差別と貧困にまみれながら日本各地に、それも劣悪な都市スラムに定着せざるを得なかったのです。

■民族蔑視の風潮が意図的に生み出され

日本国内では、日清・日露戦争を経て韓国併合・植民地化が進行する中で、民族蔑視の風潮が意図的に生み出されてきました。朝鮮の文化風俗を貶《おとし》め、「近代化」に立ち遅れたなどと、朝鮮をまるで「野蛮・頑迷・固陋《ころう》」であるかのように描き、併合＝侵略・植民地化の合理化を図ってきました。

1910年の韓国併合条約は、日本が韓国にたいし軍事的強圧によって一方的に押し付けた不当・不法な条約です。この韓国併合の強行にさいし、日本の新聞で併合反対を主張したものはなく、逆に併合を正当なものと描きました。その特徴は、古来、日本と朝鮮は同祖同根だったという論、朝鮮王朝の悪政により朝鮮が単独での独立は不可能だったという論、日本の天皇が手を差し伸べ朝鮮人の幸福を増進するものなどといった、身勝手な「併合」正当化論の展開でした。

こうして支配層や新聞報道がつくりあげた「世論」は、「併合」の侵略的本質を隠蔽するとともに、「併合」は朝鮮人にとっても善政を施すことであるという誤った認識を日本人の間に持ち込み、今日も根強く残る「植民地経営は朝鮮にとっていいこともあった」という居直り・無反省の原点にもなっています。これはまた、朝鮮人の独立への正当な民族運動を一部の跳ね上がりによる暴挙と描くことにもつながり、韓国・朝鮮人の運動を弾圧する口実にさえなりました。

天皇制政府の抑圧に対し、朝鮮民族の怒りが最大限の形で噴きあがったのが1919年の「三・一独立運動」と呼ばれる一大独立闘争です。全国で200万人余が参加し、植民地支配を断ち切り朝鮮独立の意思を全世界にとどけるたたかいでした。しかし、権力と一体となった日本の新聞は違いました。「日本では、大部分の新聞は政府や軍部の発表に基づいて三・一運動を報道した。したがって、朝鮮民衆を『暴徒』『暴民』視するのが一般的であった」（歴史学者の趙景達氏、『植民地朝鮮と日本』、岩波新書）

日本の新聞は、三・一運動の原因を「外部の扇動」「一部天道教徒の扇動」「外国人宣教師の扇動」さらには「無知な鮮人どもの付和雷同」と報じるだけで、日本の植民地支配と過酷な弾圧政治にたいする怒りに起因するものとの指摘はありませんでした。幅広い各層が参加した平和的な示威運動だったにもかかわらず、運動全体を「一部の扇動者による暴動」と決めつけ、その参加者を「暴徒」「不逞鮮人」「土民」などと呼んで朝鮮人に対する蔑視と恐怖の感情をあおりました。

■「不逞鮮人」として治安の対象に

植民地化に対する韓国・朝鮮の人々の抵抗は、切れ目なく粘り強く、時に激しく展開され、政府・支配権力を常に脅かし続けました。その反撃への恐怖から、支配層は韓国・朝鮮人への敵視・危険視を一段と強めました。官憲やメディアは「不逞《ふてい》鮮人」などと朝鮮人を「暴戻・不穏・不逞」の代名詞のように扱い、在日朝鮮人は治安の対象とされました。

「不逞鮮人」という言葉が広がったのは、三・一運動をきっかけに朝鮮総督府が現地の日本語新聞で使い始めて以来のことです。戦前の新聞記事検索によると、「不逞鮮人」が見出しの新聞記事は1919年の三・一運動直後の四月に初登場し、翌年に急増。1919年4月から震災があった1923年までの4年半に119件に及びました。「不逞鮮人」が意味するところは何か。金富子・東京外国語大学教授は次のように指摘します。「朝鮮独立運動への警戒とともに、朝鮮人への偏見や蔑視、その裏返しの『朝鮮人は何をするかわからない』『こわい』という不安や恐怖、朝鮮人による日本人への怨恨や攻撃・復讐のイメージやメッセージが含まれている」（「関東大震災時の『レイピスト神話』と朝鮮人虐殺」、大原社会問題研究雑誌六六九号）。

1923年の関東大震災における朝鮮人虐殺の背景について、事件直後に「朝鮮人のために弁ず」と題する一文を雑誌に寄せたプロレタリア作家の中西伊之助は、新聞報道などで日本人に刷り込まれた「潜在意識」が招いた結果だと痛烈に断じました。

「試みに、朝鮮及日本に於いて発行せられている日刊新聞の、朝鮮人に関する記事をごらんなさい。そこにはどんなことが報道せられていますか、私は寡聞にして、未だ朝鮮国土の秀麗、芸術の善美、民情の優雅を紹介報道した記事を見たことは、殆どないといっていいのであります。そして爆弾、短銃、襲撃、殺傷――あらゆる戦慄すべき文字を羅列して、所謂不逞鮮人……の不逞行為を報道しています。それも、新聞記者の事あれかしの誇張的な筆法をもって。……この日常の記事を読んだならば、朝鮮とは山賊の住む国であって、朝鮮人とは、猛虎のたぐいの如く考えられる」「朝鮮人は、何らの考慮のないジャーナリズムの犠牲となって、日本人の日常の意識の中に、黒き恐怖の幻影となって刻みつけられている」(『婦人公論』1923年11・12月合併号)

国家権力による弾圧と、これと一体となった官憲・メディアによる朝鮮人蔑視、差別と偏見にたった対応・報道が、日本国民に恐怖感を抱かせ朝鮮人敵視を助長したことは隠しようのない歴史的事実です。

■植民地の完全独立を掲げる政党の誕生

政府・支配層によって意図的に作りあげられた民族迫害の野蛮な風潮にたいし、朝鮮への同情を口にする知識人はいても、三・一運動に示され、以来脈々と受け継がれる朝鮮独立要求の正当性を正面から論じる政党・メディアはありませんでした。それは、1922年、植民地の完全独立を正面から掲げる日本共産党が誕生し、1928年に「赤旗」が創刊されたことで初めて実現しました。

まして、治安維持法によって朝鮮独立の要求自体が「国体の変革」に当たる重大犯罪とされ、死刑を含む徹底的な弾圧の対象とされていた時代です。治安維持法が1925年4月国会で成立、公布されると、天皇制政府は勅令第一七五号「治安維持法ヲ朝鮮、台湾及樺太ニ施行スル件」によって直ちに朝鮮でも施行しました。朝鮮人が日本の植民地支配に反対し独立のために運動することを、「国体ヲ変革」するものとして弾圧したのです。朝鮮の独立は大日本帝国の領土の一部を奪い取り、それは結局、天皇の統治権を縮小するものとなるから「国体の変革」にほかならないとする、徹頭徹尾、帝国主義者の身勝手な理屈にたったものです。

そのような時代から、共産党や「赤旗」は侵略戦争と植民地支配に命がけで反対し、差別と迫害に抗して、韓国・朝鮮人に「兄弟的」ともいえる連帯・共感の手を差しのべ、共にたたかいました。このことは、「三・一独立運動」100年の先駆的たたかいを受け継ぎ、今後の日韓・日朝関係を発展させるうえでも大きな歴史的意義をもつものです。

赤旗編集局次長　近藤正男（『月刊　学習』18年11月号）

(3) 朝鮮植民地支配と日本メディア
――徴用工判決攻撃の異様な報道が示すもの

2018年10月30日、韓国大法院(最高裁判所)が徴用工裁判で、日本の植民地支配の不法性と反人道的行為を正面から問う判決を出しました。それに対し、安倍政権は「解決済み」「国際法に違反」などと居丈高に判決を拒否し、韓国政府を非難しています。

■一斉に判決批判・韓国政府攻撃のキャンペーン

これと同一歩調をとるように、日本のメディアも、「両国関係を長年安定させてきた基盤を損ねる不当な判決」(「読売」)、「日韓関係の前提覆す」(「朝日」)、両紙とも10月31日付)などと一斉に判決批判と韓国政府を攻撃するキャンペーンを展開しました。いわゆる右派メディアだけでなく、新聞・テレビがこぞって韓国批判の大合唱に参加する異様なものでした。

一 徴用工裁判 安倍政権と同一歩調

徴用工裁判は、太平洋戦争中、当時日本の植民地だった朝鮮半島から徴用令などで戦争遂行のため強制的に動員され、鉱山や工場、建設現場などで奴隷的な状態で過酷な労働を強いられた人たちが、日本企業を相手に損害賠償を求めたものです。判決は、日本による不法な植民地支配と侵略戦争の遂行に直結した日本企業による反人道的な不法行為による被害を認定し、謝罪と反省を含めた「慰謝料」として賠償を命じました。

判決を拒否する安倍政権は、1965年の日韓請求権協定によって「完全かつ最終的に解決済み」と主張していますが、これは従来の政府答弁に照らしても成り立ちません。なぜなら、日韓請求権協定によって両国間での請求権問題が解決されたとしても、被害にあった個人の請求権については「国内法的な意味で消滅させたものではない」（柳井俊二条約局長、1991年8月27日、参院予算委員会）と、国会で政府自身が答弁してきたからです。この政府答弁の立場は、最近も河野太郎外相が日本共産党の穀田恵二衆院議員の質問に、「消滅していない」と認めざるを得ませんでした（2018年11月14日、衆院外務委員会）。

まして、日韓請求権協定は植民地支配の責任問題に言及しておらず、日本政府はその交渉過程でも一貫して植民地支配の不法性を認めず、強制動員被害の法的賠償を否定してきた経緯があります。先の穀田議員の質問で、その点を問われた河野外相は、「（不法性を認めた事実は）ないと思います」としか答えられませんでした。韓国最高裁が、強制動員の慰謝料請求権が請求権協定の適用対象外とみなす根拠があります。

■対決をあおる報道に終始

徴用工―強制動員問題は、侵略戦争・植民地支配と結びついた重大な人権問題であり、日本政府や当該企業がこれらの被害者に明確な謝罪や反省を表明してこなかったことも事実です。日本政府と当該企業が過去の歴史に真摯に向き合い、個人請求権は消滅していないという日韓双方の一致点にたって誠実に話し合うことで解決を図るべき問題です。ところが、被害者の尊厳と名誉の回復という立場から日韓双方が冷静に話し合うことが求められているときに、日本のメディアは安倍政権の対韓強硬姿勢に同調し、解決の糸口を探るのではなく対決をあおるような報道に終始したのです。その根底にあるのは、朝鮮植民地化と36年も続いた植民地支配にどういう態度をとるのかという問題です。

筆者は本誌昨年11月号の「韓国・朝鮮人民との連帯・交流をつらぬいて」で、戦前の日本共産党機関紙「赤旗《せっき》」が1919年の「三・一独立運動」に示される、日本帝国主義の植民地支配下にあった韓国・朝鮮人民の独立へのたたかいを支持しともにたたかう姿を、当時の紙面を通じて紹介しました。では「赤旗」以外のメディアはどうだったのか。

日本の朝鮮植民地支配を揺るがした1919年の三・一運動から、今年で100年になります。この運動は、「韓国併合」を強行し朝鮮半島を植民地化した天皇制政府にたいする朝鮮民族の痛烈な回答でした。三・一運動や植民地支配、さらには天皇制政府による韓国併合など、日本と朝鮮半島にかかわる問題に日本のメディアはどういう態度をとってきたのか。韓国併合時、三・一運動の時、戦後のスタート時から今日までを、100年の節目を機に、いまにつながる問題としてあらためて検証します。

二　植民地化に異議唱えず、蔑視あおる

戦前の主要メディアによる朝鮮報道の特徴は、植民地支配に対する批判的視点がまったくなかっただけでなく、国家権力と一体となって朝鮮人蔑視・抑圧の片棒を担ったことです。日清・日露戦争を経て韓国併合・植民地化が進行する中で、日本の国内では朝鮮蔑視の風潮が意図的に作り出されました。朝鮮の文化風俗を貶《おとし》め、「近代化」に立ち遅れたなどと、朝鮮をまるで「野蛮・頑迷・固陋」であるかに描くことで併合＝侵略・植民地化の合理化を図ったのです。

１９１０年８月の「韓国併合条約」は、日本が韓国に対し軍事的強圧によって一方的に押し付けた不法・不当な条約です。１９０４年２月、日露戦争開戦と同時に日本はソウルを軍事占領し「日韓議定書」を結ぶなど、韓国に戦争協力を強要しました。戦争後は対韓圧力をさらに強め、05年11月、伊藤博文が憲兵を引き連れて王宮に乗りこみ、軍事的脅迫の下に「第二次日韓協約」（韓国保護条約）を締結、外交権を奪いました。このように韓国併合は、日本軍による繰り返しての侵略、国王・政府要人への脅迫、さらには王妃殺害、抵抗する民衆に対する軍事的圧殺によって実現されたものです。

■併合を美化、正当化論を展開

ところが、この韓国併合に際し、日本の主要な新聞で併合反対を主張したものはなく、逆に併

合を正当なものと描きました。その特徴は、古来、日本と朝鮮は同祖同根だったという論、朝鮮王朝の悪政によって朝鮮が単独での独立は不可能になっていたという論、日本の天皇が手を差し伸べ朝鮮人の幸福を増進するもの、などといった身勝手な併合正当化論の展開でした。

併合直後の時期に日本の主要紙が掲載した朝鮮関係社説を精査した歴史学者の姜東鎮《カンドンジン》元筑波大学教授は、「まず注目されるのが、『併合』のもつ侵略的本質や策動を正当化するための論調である」と指摘（『日本言論界と朝鮮』法政大学出版局、7ページ）。その特徴を次の7点にまとめています（同前、81ページ）。

①朝鮮への侵略を支持し、反対や異議をはさむものはまったくない
②「併合」正当化のためにこじつけの論理を駆使している
③日本政府以上に強硬、理不尽な統治政策を主張している
④体制への批判者でなく、政府の広報機関の役割を果たしている
⑤侵略者の行為の正当化のため、歴史の偽造をおこなっている
⑥朝鮮民族の立場にはふれず、侵略者側の一方的立場で物事を見ている
⑦朝鮮人蔑視を鼓吹している

姜東鎮氏は、この時期の有力新聞、総合雑誌の社説・論説のすべてが韓国併合を美化し、こじつけの論理で「併合」を正当化していると指摘します。こうしてメディア・新聞報道がつくりあげた「世論」は、併合の侵略的本質を隠蔽しただけではありません。韓国併合は朝鮮人にとっても善政を施すことであるという誤った認識を日本人の間にもちこみ、今日も根強く残る「植民地

経営は朝鮮にとっていいこともあった」という居直り・無反省の原点にもなっています。

三　朝鮮の独立運動を敵視

天皇制政府の抑圧に対し、韓国・朝鮮人民の怒りが最大限の形で噴きあがったのが1919年の三・一運動に示される一大独立闘争です。全国で200万人余が参加し、植民地化を断ち切り、朝鮮独立の意思を全世界にとどけるたたかいでした。

併合によって日本統治下におかれた朝鮮半島は、日本の陸軍大臣をトップとする朝鮮総督府の下、軍事的支配が強化され行政の末端まで憲兵支配が貫かれました。植民地支配の基礎固めとして土地調査事業が始まり、日本による朝鮮人の土地取り上げが進行しました。朝鮮人の「日本同化」策として、朝鮮人による各種団体の解散、言論抑圧と御用新聞の育成、朝鮮語教育の制限、日本語による「国語」教育などを押し付けました。民族の尊厳を踏みにじられ、くらしと命の危険にまでさらされた朝鮮・韓国の民衆が、植民地化に抗議し独立と解放を求める思いを爆発させたのが三・一独立運動でした。

■〝三・一は「不逞鮮人」の暴動〟

日本の新聞はこれをどう報じたか。「ほとんどの有力紙がこの事件を大きくとりあげてはいるものの、朝鮮独立に支持ないし同調を示した新聞は皆無であった」「すべての新聞が日本軍増派による徹底的弾圧を支持している……日本軍の非人道的大量虐殺を批判したものは一紙もない」（姜東鎮氏、同前、163ページ、178ページ）のが実態です。

なぜそうなのか。「日本では、大部分の新聞は政府や軍部の発表に基づいて三・一運動を報道した。したがって、朝鮮民衆を『暴徒』『暴民』視するのが一般的であった」「朝鮮人の独立精神を他律的なものと見ようとする総督府内には、三・一運動の要因を外的指嗾《しそう》に求める見解が根拠なくあった」と歴史学者の趙景達《チョギヨンダル》氏は指摘します（『植民地朝鮮と日本』岩波新書、53ページ）。政府や植民地権力に依拠し、植民地支配への視点を欠いた日本の新聞は、運動の原因を「外部の扇動」「一部天道教徒の扇動」「外国人宣教師の扇動」さらには「無知な鮮人どもの付和雷同」と報じ、真の原因が日本の植民地支配と過酷な弾圧政治によるものとする報道はありませんでした。

例えば「大阪朝日新聞」1919年3月8日付の一面トップ記事「朝鮮の騒擾」（写真上）は、

THE OSAKA ASAHI SHIMBUN
大阪朝日新聞
朝鮮の騒擾

朝鮮尚ほ騒ぐ
各地同時に勃發
暴徒九名を殺し

朝鮮各地の暴動
鎮南浦の騒擾
米人の看護婦

3・1運動を「暴動」、参加者を「暴徒」などと報じた（上から）大阪朝日新聞（1919年3月8日付）、東京日日新聞、東京朝日新聞（どちらも1919年3月7日付）

「不逞の徒の煽動」「無知の朝鮮人」が引き起こした騒動だと次のように報じています。

「去る一日京城に勃発したる鮮人の騒擾は、不逞《ふてい》の徒の絶えざる煽動と無辜《むこ》の鮮人が事の真相を知らざるとにより、其の後各地に蔓延し、南は鎮南浦より北は咸興元山に至るまで所在官憲と暴徒との衝突あり、……最初吾人の騒擾の報を耳にするや、吾人は其の何の理由なるやを解する能はず、殆ど報道の真否を疑へり、暫くにして其の天道教徒及び耶蘇教信者の陰謀に出でたるを聞き、之あるかなと思へり、蓋《けだ》し普通鮮人の情意としては今日暴動を構へ、官憲と抗争せざるべからざる理由あるを想像する能はざればなり、……」

■権力と一体となって運動の弾圧を支持

日本統治下の朝鮮には、朝鮮人が官憲と騒動を引き起こす理由などない、これは不逞な輩にあおられた結果だ――。なぜ三・一運動が起きたのかを直視することなく、ただ植民地支配をする側の視点・論理にたった報道に終始しました。しかも、幅広い各層が参加した示威運動だったにもかかわらず、運動全体を「一部の扇動者による暴動」と決めつけ、その参加者を「暴徒」「不逞鮮人」「土民」などと呼んで朝鮮人に対する恐怖や敵対心をあおりました。

運動は、過酷な弾圧にもかかわらず3月中旬から4月下旬にかけてますます激化し、朝鮮半島全体に広がります。これ

朝鮮鎮壓の為に
三千人の兵隊
各地に増派の六箇大隊
大阪師團から四百の憲兵
山梨陸軍大官の談

日本政府が「朝鮮鎮圧の為に三千人の兵隊」を増派したことを報じた東京日日新聞（1919年4月9日付）

に対し日本政府は日本軍の大増派を決定、武力弾圧の構えを一段と強めました。日本の各紙は、日本軍の増派とそれによる徹底弾圧を支持し、日本軍による非人道的な大量虐殺には目をつむる一方、民衆の側の抵抗にともなう被害を大きく報道しました。

権力と一体となったメディアによる朝鮮報道の行き着いた先が、1923年9月、関東大震災での朝鮮人虐殺の悲劇だったことは歴史が示しています。

四 戦後も続く無反省 メディアの宿痾

36年間の植民地支配で、日本は韓国・朝鮮から主権とともに土地・資源を奪い、民族の尊厳を奪い、戦時中は徴用・徴兵で命まで奪い、多大な被害を与えました。こうした植民地支配への批判的視点を欠いた日本のメディアの姿勢が、戦前だけでなく今も続いていることは、先日の徴用工判決報道で改めて天下に示されました。日本の植民地支配による被害にどのように対応するかという、原告の元徴用工の訴えにある根源を見ようともせず、日本政府の立場・視点からの判決批判、韓国政府攻撃に終始しました。日本のメディアの特異性ともいうべき姿です。

1945年8月、日本はポツダム宣言を受諾し、植民地朝鮮を解放しました。しかし、日本政府はこの直後から、過去の非を認めず、植民地支配は正しかった、日本はいいこともしたという態度を打ち出しました。外務省がまとめた戦後処理・平和条約交渉準備のための文書には、朝鮮や台湾などの統治は「植民地支配ではなかった」「地域の近代化に日本は貢献した」と露骨に明記した覚書もありました。

■「久保田発言」「高杉発言」を擁護

「韓国併合条約は正当に結んだ有効な条約」だった、「朝鮮の進歩と繁栄と近代化に寄与した」―植民地支配を受けた側への理解も思いやりも欠いたこの一方的主張が、戦後一貫した日本政府の基本的態度です。その典型が、１９５０~60年代にかけての日韓国交正常化交渉における、いわゆる「久保田発言」「高杉発言」でした。問題なのは、日本の主要メディアもまた、植民地問題への視点を欠いたまま政府と変わらぬ姿勢できていることです。

朝日新聞 夕刊

日韓会談ついに決裂

久保田発言に不満

日本側の説明 韓国側納得せず

強硬に撤回要求

責任、韓国にあり

わが方の誠意を受けず

政府声明

久保田発言とは

「韓国併合条約は正当」などの「久保田発言」で日韓会談が中断したことについて、「責任、韓国にあり」などと政府の態度を紹介した朝日新聞（1953年10月21日付夕刊）

「久保田発言」とは、１９５１年10月から始まった日韓会談が長期にわたり中断する原因となった、53年10月、第三次会談席上での日本側首席代表、久保田貫一郎による妄言です。「日本は朝鮮に鉄道、港湾、農地を造った」「多い年で二〇〇〇万円も持ち出していた」「当時日本が行かなかったら中国かロシアが入っているかもしれない」など、植民地支配正当化論にたった日本政府の本音そのものでした。韓国側の激しい反発にあい会談が決裂、中断となったのは当然です。

ところが、この事態に日本のメディアは「久保田発言」を批判するどころか、「ささたる（取るに足りないの意＝筆者）言辞」「韓国の不条理な威嚇には屈しない」「朝鮮統治には功罪両面がある」などいっせいにこの発言を擁護しました。当時の報道ぶりを研究者は「全新聞が韓国に非があるという認識であった」（梶居佳広「朝鮮戦争・日韓関係（1950〜1953年）に関する日本の新聞社説」、『社会システム研究』第30号所収）と指摘します。

“日本の植民地支配はいいことをやった”
日韓会談首席代表 高杉氏が重大発言
署名、宣伝に集中
健保、共済改悪反対中央連が新方針
労組の行動盛り上げへ
日・韓両首席代表顔合わせ

〝日本の植民地支配はいいことをやった〟——「高杉発言」を「重大発言」と批判した「アカハタ」（1965年1月10日付1面）

■植民地支配正当化の発言を黙殺

日本側の植民地支配正当化の姿勢は会談を通じて変わりませんでした。最終決着の場となる第七次会談の高杉晋一首席代表が65年1月、就任会見の場で「日本は朝鮮を支配したというけれども、わが国はいいことをしようとした」「日本は朝鮮に工場や家屋、山林など、みな置いてきた。創氏改名もよかった。それは……搾取とか圧迫とかいったものではない」などと発言。交渉の最終盤、決着への影響を懸念した日韓両政府は、「久保田発言」に匹敵する重大発言を急きょオフレコ扱いとし、日本の商業メディアは発言を取材しながら黙殺しました。発言を報じたのは「赤旗」（当時は「アカハタ」）と韓国「東亜日報」だけでした。「……植民地支配を正当化する内容だった。アカハタは10日に発言を報じたが、朝日など他紙は当初、沈黙した。記事にはしないオフレコ発言として扱ったからだ」と朝日新聞「検証・昭和報道」取材班は振り返っています（『新聞と「昭和」下』朝日文庫、107ページ）。

日韓条約は、両国国民の激しい反対運動に直面しながらも同年6月、調印。日本政府が植民地支配の不法性を認めようとしないなか、歴史問題が未決着のまま締結されましたが、こうした視点から日韓条約・諸協定を批判する日本のメディアはありませんでした。「朝日」取材班が条約調印を受けての自社社説について「……しかし植民地支配に対する日本の責任には触れていない」（同前、108ページ）と指摘しているところです。

■併合100年に際しても〝法的に有効〟と

「韓国併合」そのものが主要テーマとなる時がめぐってきたこともありました。併合100年となる2010年8月です。日本軍による侵略、王妃殺害、国王らへの脅迫など軍事的強圧によって韓国に押し付けた不当・不法な条約にもとづく併合です。これを直視しその誤りを真摯に認める機会とすべきでした。当時の民主党政権は菅直人首相談話で、「三・一独立運動」など激しい抵抗があったことをあげ、「当時の韓国の人々は、その意に反して行われた植民地支配によって、国と文化を奪われ、民族の誇りを深く傷付けられました」と力ずくの併合だったと認めました。しかし、併合条約そのものへの言及はなく、歴代政権同様に「法的に有効に締結された」との立場を継承、会見でも日韓基本条約で請求権問題は決着していることを強調しました。

各紙の社説（同年8月11日付）はそれを当然とし、「従来の政府の立場に変更はない。当然のことだ」（「読売」）「談話は補償問題につながるような記述は避けた。現実的な対応として理解できる」（「毎日」）と評価。「今回の首相談話は、遠回しに『強制』に触れたが、『有効・無効』論には踏み込んでいない。『当初から無効』といえば、『決着済みの賠償・補償問題を蒸し返す』ことになりかねない、と判断したからだろう」（「朝日」同18日付）とコラムで書くのがせいぜいでした。

■安倍首相の日露戦争賛美にも批判なし

植民地支配への批判的視点を欠いた日本のメディアの弱点は、その後も日韓間で問題が起きるたびに表面化しますが、2015年8月、戦後70年に当たっての安倍首相談話をめぐる報道でもその体質が現れました。

安倍首相は「戦後七〇年談話」で、戦後50年の村山首相談話が示した「植民地支配と侵略によって……アジア諸国の人々に多大な損害と苦痛を与えた」とする認識を投げ捨てただけでなく、暴力と軍事的強圧で朝鮮半島の植民地化をすすめた日露戦争を「植民地支配のもとにあった、多くのアジアやアフリカの人々を勇気づけました」と賛美しました。朝鮮半島植民地化への踏み台となった日露戦争を、「アジアやアフリカの人々を勇気づけた」などと賛美することは、韓国・朝鮮人民への冒とくであり、乱暴に歴史をねじ曲げるものです。植民地支配への反省どころか韓国併合そのものの美化・合理化にほかなりません。これはまた、日露戦争礼賛を中核にした明治時代賛美論、安倍政権がことさらに強調してきた「明治一五〇年史観」に通じる危険な主張です。

韓国・朝鮮人民に真っ向から敵対する安倍談話をメディアはどう論じたか。「赤旗」は8月15日付の1面トップにすえた志位委員長談話で、日露戦争は「暴力と強圧をもって韓国の植民地化をすすめた」戦争だったとし、その賛美は「乱暴極まりない歴史の歪曲」だと厳しく指摘しました。しかし、日本の主要メディアは、「侵略と植民地支配」の主体をぼかし、「反省」「おわび」もあいまいにしたことなど村山談話の否定・後退を批判的に論じたものはあったとしても、韓国・朝鮮人民への配慮を欠いた無神経な日露戦争美化・礼賛に言及し正面から批判するものはありませんでした。

■対照的な韓国メディア

一方、韓国メディアは、「安倍政権がもたらした禍根の種」「安倍談話は植民地支配に対する責任を組織的に否定したもの」とする視点から極めて敏感に反応しました。同年10月、「メディアは国交正常化五〇年をいかに迎え、なにを残したか」をテーマにした日韓シンポジウムで、韓国側メディア代表は安倍談話の日露戦争のくだりをあげ、「以前とはまた異なる葛藤要因を談話が提供した」「これまでの談話と本質的に異なっている部分として、韓国メディアがより一層深刻な評価を与えている」と指摘。「植民地韓国に対しては謝罪することではないという日本の認識の一貫性を示す証拠と受け止められる」と、韓国側が重視する安倍談話の深刻な問題点を強調しました。

日韓メディアのこの違いは、戦前以来の植民地支配無反省の姿勢を克服できていない、日本のメディアの宿痾《しゅくあ》ともいうべき悪弊の反映です。

五　歴史の真実に向き合って、自己点検を

朝鮮植民地支配は適法だった、併合条約は合法的に結ばれた、韓国併合は正当だった—。韓国併合の時も三・一運動の際にも、そして戦後のスタート時から今日まで、日本政府は一貫して植民地支配を正当化しその清算に背を向けつづけています。日韓条約・協定締結後50年以上もたつのに、いまだに問題が噴出するのは、ここに根本問題があります。そしてこの点では、政府だけでなく、植民地支配への批判的視点を欠いたままの日本のメディアもまた責任が問われます。戦前は、国家権力と一体となって朝鮮人蔑視・抑圧の片棒を担ぎました。戦後はその反省もなく、植民地支配の清算に背を向ける日本政府に同調し、それにくみする報道を展開してきました。ことが韓国・朝鮮半島がらみになると思考停止状態となり、各紙が歩調を合わせたように居丈高に、口を極めて批判キャンペーンを展開する—。その端的な表れが徴用工判決をめぐる事態でし

た。

安倍首相による「日韓協定で解決済み」「国際法違反」などの韓国政府批判を検証することもなく繰り返し垂れ流す一方、「韓国はそういう国」「日本の悪口いって人気取り」「立ち向かうしかない」など、新聞もテレビも連日、韓国批判のキャンペーンを繰り広げました。こうした異様な報道が世論に何をもたらすかは自明のことです。

■歴史認識をめぐるジャーナリズムの責任

「歴史認識をめぐる敵対関係を作り出した責任の大半は、メディアにあるといわざるを得ません」。かつて信濃毎日新聞主筆の中馬清福氏は「歴史認識とジャーナリズムの責任」と題した講演（2006年11月、上智大学）で、「悪しき情報を針小棒大に伝える、あるいは局部的な問題をそれが全てのように伝えることをいったい誰がやっているのか。これは政府といえどもできない。……やっているのはメディアです。メディアがこのキャッチボールについて大きな責任を持っている」と指摘。ジャーナリストの責務として「ちょっと待って欲しい、こういう別の情報もありますよ」と語り続けること、闘い続けることの重要性を語り、この「闘う」ジャーナリストたちによるジャーナリズムの構築が「歴史認識」をめぐるギャップの解消とともにアジアのジャーナリズムの地位向上につながることは確実だと訴えました。その意味では、いまメディア自体が試されているのです。

三・一運動から100年を迎えてもなお植民地支配の正当化に固執し、問題を未清算のままにしておいていいのか。日韓両国、日本と朝鮮半島の和解と友好を実現するためにも、北東アジアの平和と安定のためにも、歴史の真実に向き合い誠実な態度をとることが不可欠の土台です。率直に誤りを認め、未来への教訓とする立場にたてるかどうか、メディアもまた厳しい自己点検が求められます。

赤旗編集局次長　近藤正男（『月刊　学習』19年3月号）

Ⅱ部　戦争の歴史に向き合う

1　中国への侵略戦争の傷跡

（1）南京大虐殺81年　歴史をかがみとし、平和友好へ

中国を侵略した旧日本軍が1937年に起こした南京大虐殺から81年となった12月13日、江蘇省南京市の南京大虐殺遭難同胞記念館の広場で記念式典が行われました。式典には夏淑琴《かしゅくきん》さん（89）ら生存者10人を含む1万人近くが出席。外国からの参列者もありました。

式典で演説した全国人民代表大会（全人代）常務委員会の王晨《おうしん》副委員長は、当時家族7人を日本軍に虐殺された夏さん一家の悲劇を米国人の故ジョン・マギー牧師が撮影・記録していた事例を紹介。日本で南京大虐殺を否定する言動があることに懸念を示し、「歴史の動かぬ証拠に、世界が驚愕《きょうがく》した。人類文明の永遠にぬぐい去ることのできない暗黒の記憶だ」と訴えました。

一方、王氏は「今年は中日平和友好条約締結40周年だ」として、「40年来、多くの人々の努力で南京大虐殺の歴史の真相が広く知られ、平和友好の正しい理念がはっきりと示された」と強

調。「両国民の根本的利益から出発し、歴史をかがみとし、未来に向かい、平和、友好、協力の大方向をつかみ、共に世界平和と人類進歩の事業に貢献しよう」と呼びかけました。

式典では南京市の青少年代表が「平和宣言」を読み上げました。最後に平和を願う鐘が鳴らされ、ハトが空に放たれました。

（2018年12月14日付　北京＝釘丸晶）

（２）中国・海南島　元「慰安婦」生存４人――〝謝罪・補償早く〟

中国最南端に位置する海南島は、１９３９年から45年まで日本軍に占領され、多くの女性が性暴力被害を受けました。同島で元被害者のアポ（現地語で「おばあさん」の意）たちを訪ねました。

海南島南部の陵水リー族自治県に暮らす卓天妹さん（93）は、寝たきりで朝起きるのにも人の助けがいります。食欲もなく、食べても吐いてしまうこともあるといいます。ベッドに横たわる卓さんの腕は痩せ細り、長年の苦労を感じさせました。

卓さんは１９４０年、14歳で日本軍に捕まります。最初は掃除や洗濯などをさせられましたが、ある晩、酔った日本兵数人に台所で襲われました。それから、昼は日本兵のために家事をし、夜は性的暴行を受けました。45年の日本の敗戦後、やっとのことで家に帰ると、両親はすでに亡くなっていました。

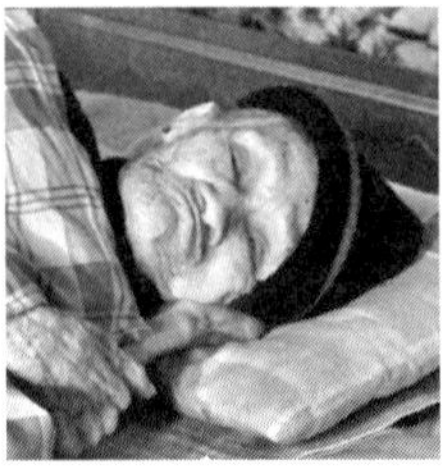
卓天妹さん

■13歳、放牧中に

李美金さん

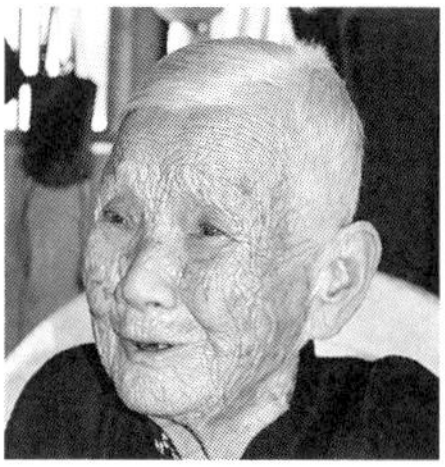

王志鳳さん

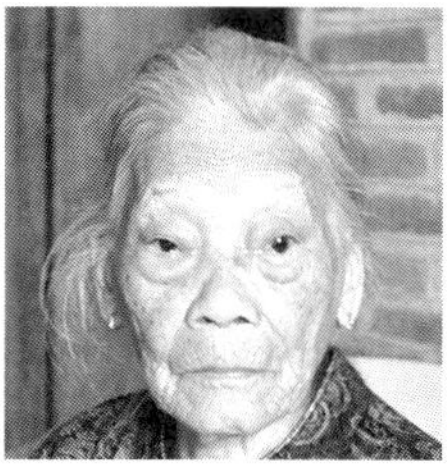

陳連村さん

同島南部万寧市に住む陳連村さん（92）は13歳の時、村の近くの小山で牛を放牧中に3人の日本兵に襲われました。牛の背中から引きずり降ろされ、銃剣で脅され、農作物を保管する小屋に連れ込まれて暴行を受けました。

3年後に再び現れた日本軍は、周辺の村にいる若くて容姿の優れた女性を「後勤服務隊」に強制的に編入。その実態は、昼は日本兵のために洗濯や食事の世話などの雑用をし、夜は性的暴行を受けるというものでした。陳さんは毎晩日本兵十数人から暴行されました。

陳さんは2017年12月、中国政府に対して外交保護権を行使し、被害者と遺族への早期の謝罪と賠償を日本政府に要求するよう求める請求書を提出しました。「公正な判断を取り戻したい」と訴えています。

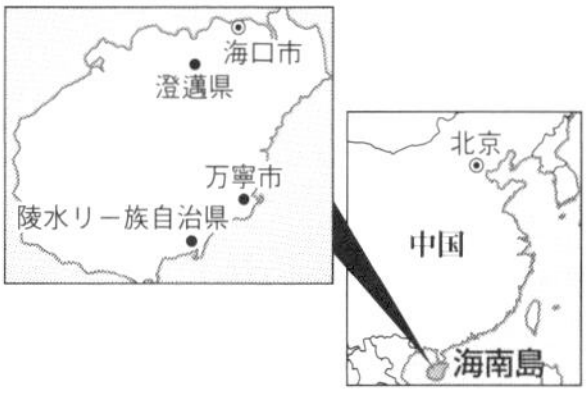

海南島・北部、澄邁県の中心部から車で1時間。ガジュマルやゴム、バナナの木など南国の植物が生い茂り、放し飼いの黒豚や鶏が走り回る農村に暮らす王志鳳《おうしほう》さん（92）と李美金さん（91）も戦時中、日本兵に性的暴行を受けました。

王さんは17歳の時、祖母の家から帰る途中で日本兵に捕まり、昼は塹壕《ざんごう》を掘らされ、夜は性的暴行を受けました。

李さんも16歳の時、村に来た日本兵に捕まり、飛行場で強制労働をさせられ、夜は日本兵の相手をさせられました。毎日夜中まで、時には朝まで暴行されることもありました。

日本の敗戦後、王さんも李さんも結婚し、子どもにも恵まれましたが、当時の経験はずっと隠してきました。１９９０年代に入り「慰安婦」被害者の調査が行われ、初めて過去の経験を語り始めました。

海南島で確認されている元「慰安婦」は、今回訪ねた４人を残すのみになりました。

■事実直視して

同島で戦争被害者の支援活動を続けている陳厚志さん（56）は、「すでにみな高齢で健康状態も心配だ。社会的な関心を高め、戦争被害者を支援し、早期に日本政府からの謝罪と賠償を勝ち取りたい。日本政府は、戦争を起こし中国を侵略して女性を日本軍の慰安婦とした事実を直視すべきだ」と話しています。

（２０１８年12月25日付　中国海南省＝釘丸晶　写真も）

(3) 中国・海南島　旧日本軍による強制労働の実態

1939年から45年まで中国の海南島を占領した旧日本軍は、現地住民を強制的に働かせて、軍用の橋や道路、飛行場の建設に従事させました。同島南部に住む黄開漢さん(92)に当時の強制労働の経験を聞きました。

■殴られ、石20キログラム運ぶ

黄さんは15歳の時、日本軍によって橋の建設作業に従事させられました。黄さんが住む村(保亭リー族ミャオ族自治県加茂鎮什杏村)や周辺の村から集められた住民二十数名が作業。交代で駆り出され、1回につき2日ほど働かされました。

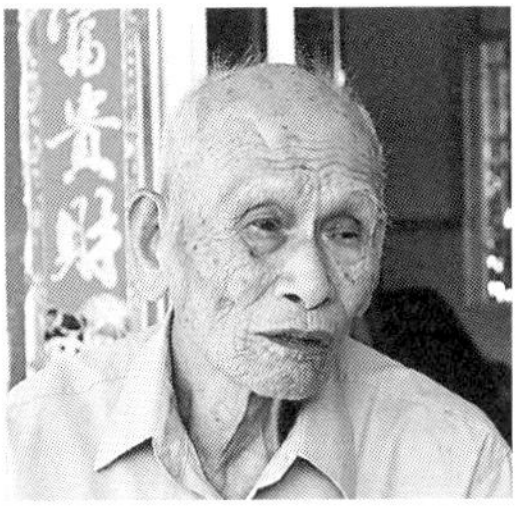
黄開漢さん

黄さんは、コンクリートの型枠を外す作業や石をかくはん機に運ぶ作業などをやらされました。作業には老若男女問わず従事し、石を運ぶ作業では1日に5回、1回に約15～20キログラムの石を運ばなければなりませんで

日本軍が黄さんらを強制的に労働させて造った加茂橋の橋脚。現在は元の場所から少し川下に移されています＝中国海南島南部

した。

■川に流されて

川に潜って川底から砂や石を運び上げる作業をする人たちもいて、規定の分量を運び上げないと、監視者からこん棒でめった打ちにされ、川に流されました。黄さんはその光景を見て「非常に怒りを感じたが、まだ幼くてどうしようもなかった」と振り返ります。

他に、6～7人に手をつないで一列に並ばせ、電流を流す罰もありました。黄さんは「人が次々と倒れていった。死ぬ可能性もあり、大変危険だった」と話します。黄さん自身も、草刈りの作業中に立ち上がって休もうとしたところ監視者に見つかり、ひどく殴られました。

黄さんが強く印象に残っているのは日本軍による公開処刑でした。日本軍の大隊長は集めた住民の前で、日用品を販売する雑貨店の店主をひざまずかせ、首を日本刀で切り落としました。

「血しぶきが高くあがり、とても怖かった」

店主は、日本軍を苦しめていた中国共産党のゲリラ部隊との関係を疑われ、見せしめのために処刑されました。

■歴史の正視を

戦後もこの村で暮らす黄さんは、「周りの同年配の人はみな同様の経験をしているが、だんだん少なくなってきている。生き残った最後の人間が伝えていかないといけない」と言います。

最後に黄さんはこう訴えました。

「国家の指導者たちが握手をして歓談し、賠償を放棄したとしても、個人には訴える権利がある。（日本での）徴用工や元『慰安婦』の敗訴は道理に合わない。二度と戦争を起こさないためにも、日本政府は間違いを認め、歴史を正視すべきだ。そうしてこそ両国は初めて友好的に共に前に進むことができる」

（2018年12月27日付　中国海南省保亭リー族ミャオ族自治県＝釘丸晶　写真も）

2　731部隊下部組織「岡9420部隊」
――〝ペストノミ〟大量製造

東南アジアのマレーシア、シンガポールで、侵略した旧日本軍が行った一般住民の虐殺は、今も残る深い傷痕となっています。「日本の戦争はアジア解放のためだった」という妄言が見られるなか、日本のアジア侵略を知る一端として、中国で細菌戦や人体実験を行った陸軍731部隊の下部組織、東南アジアで暗躍した細菌兵器製造部隊・岡9420部隊の跡を追いました。

シンガポールから海峡を渡り、隣国マレーシアの南端、ジョホール州へ。さらに20分ほど車で北に走り、公道をそれて緑の丘を登ると、林の中に時計台のある2階建ての建物が見えてきました。タンポイにある旧ペルマイ精神病院の建物です。アジア・太平洋戦争で日本の南方軍防疫給水部という名目の、暗号名で岡9420部隊と呼ばれた部隊の、細菌兵器製造拠点だったところです。

南北約6キロメートルに及ぶ広大な敷地は、秘密保持に適していました。今は州保健局の一部になっています。

「あの時計台に針がついていないのは、病院を占拠した日本軍が敗戦直前に時計台をはずして機関銃の台座を据えた。戦後、時計台の形だけ復元されたからです」。こう語るのは、高嶋伸欣《のぶよし》氏（琉球大学名誉教授）です。この建物が、東南アジアでの細菌兵器製造の施設であったことが、病院内の配置図、働いた当事者の証言、軍資料などで確定されました。

■〝毒化ノミ爆弾〟投下を想定

74年前、シンガポール中心部にあった岡9420部隊の本部から同じ道をトラックで来てここで働いた、一人の日本人軍属がいました。戦後、『ノミと鼠《ねずみ》とペスト菌を見てきた話　ある若者の従軍記』を私家版で出した静岡県出身の、竹花京一氏です。

竹花氏によると部隊は3隊に分かれていました。

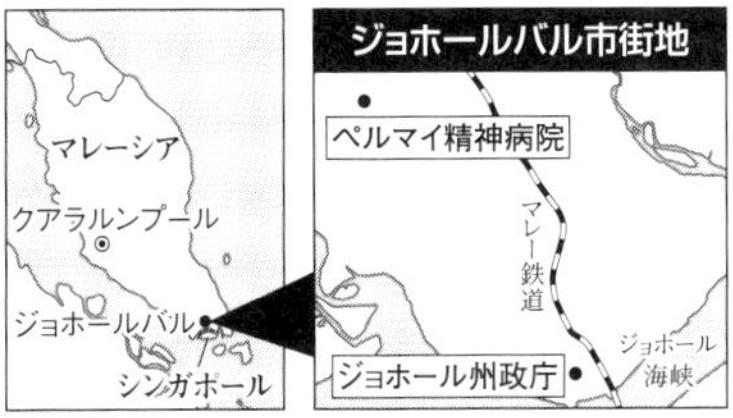

井村隊（軍医中尉）はネズミの捕獲や飼育を担当、飼料はほとんどサツマイモでした。中安隊（同）はノミの養殖とその研究でした。

江本隊（軍医大尉）は、ペスト菌株の保持、菌の増殖、少量のワクチンの製造などを行っていました。この隊の重要な仕事は「毒化作用」でした。ネズミにペスト菌を注射し、発病したネズミにノミをたからせ、ノミに血を吸わせて胃袋にペスト菌を吸入させる、この作業が「毒化」でした。製造した大量のペストノミをケースにいれ陶器爆弾で投下する、これが細菌兵器です。

ペストはネズミと人間に感染します。中世ヨーロッパで大流行をくりか

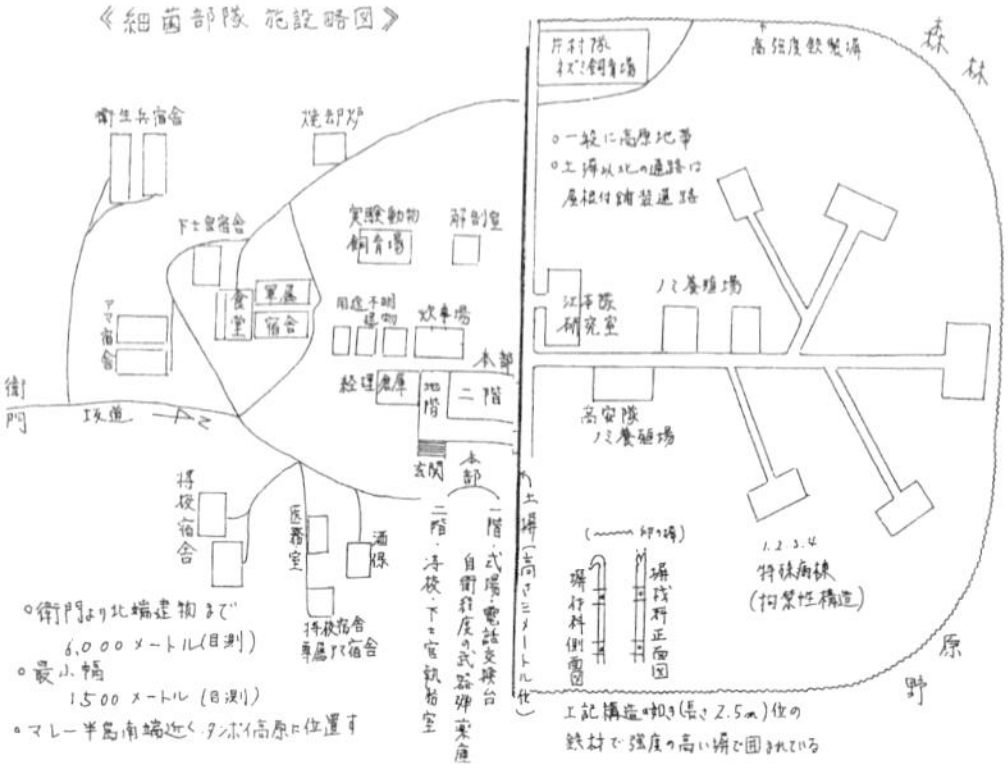

えした、高熱を発する死亡率の高い急性感染症で、黒死病ともいいました。

竹花氏は、水から熱湯や蒸気をつくるボイラーマンの経験があり、江本隊で約1年間、ガラス容器の滅菌、洗浄、分類などの作業をしました。

部隊はペスト菌とノミを扱うことから、事故で死亡したり足を切断したりする犠牲者を多く出しました。「部隊では葬らず公表もしなかった。処理して遺骨が（日本の）留守宅に送られていればいいが、多くの遺体があのタンポイの丘に眠ったままではないか」。竹花氏は振り返っています。

■ネズミ5万匹、日本から空輸

1944年には日本軍の劣勢は明らかになり、戦況を挽回すべく、陸軍参謀本部は「ホ号（細菌戦）」作戦でのペストノミの大増産の号令をかけます。その増産の障害になったのが、ネズミでした。ノミは約30日すると死んでしまいます。生きのいいノミを培養し確保するには、大量のネズミが必要でした。

〝悪魔の部隊〟731部隊の下部組織、岡9420部隊には、〝空を飛んで〟ネズミが大量に供給されました。１９９３年に全国を巡回した「七三一部隊展」が始まったとき、南方軍防疫給水部に所属した元輜重《しちょう》隊員から証言が寄せられました。

「日本からシンガポールまで、５万匹の鼠と蚤《のみ》を、７３１部隊の専用機３機で何回か輸送しましたよ。…ペスト蚤を作るため大量の鼠が必要でしたが、その飼育は埼玉県でやっていたんです。埼玉から東京の軍医学校に運ばれてくる。立川の飛行場に持って行き、そこから飛行機でシンガポールに空輸したわけです」

別の陸軍幹部の日誌には、埼玉の農家だけでなく茨城、栃木、千葉でも飼育したとあります。マレーシアでも、内陸の学校敷地でネズミ飼育とサツマイモの生産を行っていました。

戦時中、日本軍の細菌兵器製造に使われていた旧ペルマイ病院の建物。現在は州保健局

■現地で安倍政権に懸念の声

竹花氏の著書で、先輩の軍属が７３１部隊に所属した経歴があり、生体実験の１例として中国人捕虜に狂犬病菌を注射して、発病から死亡までを詳細に記録したことが明らかにされています。

シンガポールの日本占領期の研究者、林少彬《リムシヤオビン》氏は、「７３１部隊には四つの支部が、北京、南京、広東、シンガポールにあった。シンガポール支部の下には、さらにマラヤ、インドネシア、フィリピン、パプア・ニューギニア、タイ、ミャンマーに支隊があった」と語ります。
岡部隊の本部は、シンガポールの英国エドワード七世医科大学を占拠して設置されました。現在のシンガポール保健省の建物です。

７３１部隊の組織をめぐっては、西山勝夫滋賀医科大学名誉教授などが、国立公文書館と折衝して詳細な隊員名簿（「留守名簿」）を公開させました。各防疫給水部の全名簿の刊行（不二出版）が始まっており、全容解明に期待が集まっています。

高嶋氏は「岡９４２０部隊はペストノミの生産をやったが、生体実験はやっていなかった。実戦で同部隊の細菌兵器を使う前に敗戦になったようです。しかし、世界に秘密にして細菌兵器を製造した犯罪自体が問われています」と指摘します。

そして「毎年8月15日に行われるマレーシアの住民虐殺の追悼式や、2月15日のシンガポール『血債《けつさい》の塔』での追悼式に参加してきましたが、ここで過去の事件とともに、改憲を狙う安倍政権を懸念する声が上がり続けていることを忘れてはなりません」と語ります。

（２０１８年10月1日付　山沢猛）

3　アジア・太平洋戦争　パラオ諸島「激戦地」の真実

西太平洋の楽園といわれるパラオ諸島。アジア・太平洋戦争では日米両軍の激戦地でした。米軍が上陸したペリリュー島とアンガウル島では、日本兵の95％を超える1万1千人余が戦死しました。両島を除くパラオ諸島では地上戦がなかったにもかかわらず、約4800人の日本兵が死亡。その多くが餓死や病死とみられます。元兵士と遺族が語る知られざる実態は―。

（1）飢えて中隊同士で食糧の奪い合いも――元兵士　手塚人三《ひとみ》さん

「私は運命で生き延びた。亡くなった人たちに申し訳ない」。パラオに従軍した手塚人三さん(99)＝埼玉県＝はそう繰り返しました。

手塚さんは1940年に召集され、中国・満州とソ連の国境警備に就きました。44年、「絶対国防圏」の要衝の一つ、パラオ諸島へ送られました。日本軍は制空権・制海権を失い、多くの輸送船が撃沈されました。パラオにたどり着いたのは4月24日。手塚さんが目にしたのは、転覆し船底を露出した日本の大型船や爆破された船でした。

「すでに負け戦だった」と振り返ります。

手塚さんの部隊はアンガウル島へ。南北約4キロメートル、東西約3キロメートルの小さな隆起サンゴ礁の島で洞窟が無数にありました。手塚さんらはサンゴ礁を削って重機関銃や大砲を配置したり、洞窟陣地を構築したりしました。

手塚人三さん

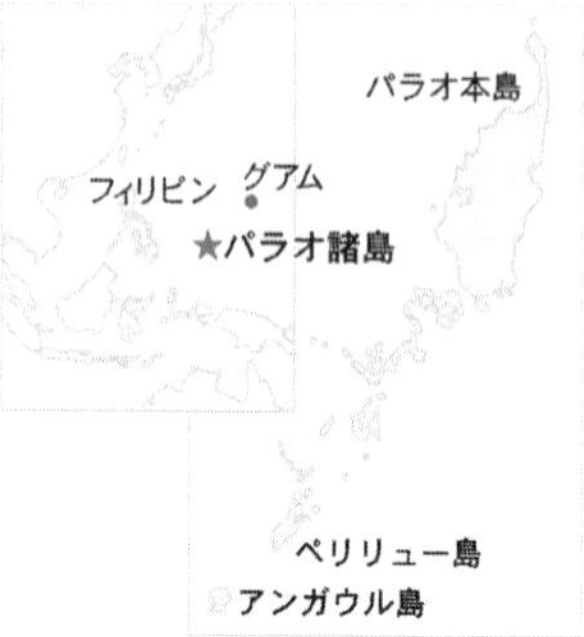

3カ月後、パラオ本島に戻った手塚さん。「今度は密林を切り開いて食糧増産に励んだ」と話します。

米軍は9月15日にペリリュー島、17日にアンガウル島へ上陸。両島では激しい地上戦が始まりました。

手塚さんは本島の山の上から、南下する米艦隊を目撃。日米の戦力差に「手も足も出ない」と身がすくみました。

手塚さんは米軍が上陸したペリリュー島に逆上陸するため、動員されました。しかし形勢の悪化で逆上陸は中断されました。

パラオ本島では飢えとのたたかいでした。「カタツムリ、トカゲ、ヤシの実…。食べられるものは食い尽くされ、見つけるのも大変だった」。そのためサツマイモや、でんぷんをつくるためのキャッサバを栽培。毒があるキャッサバを食べ、亡くなった兵士もいました。「穴を掘って葬ったけど、食ってないから力が出ない。穴を深く掘れないから、スコールで土が流されて亡きがらが出てきた」と。

「食い物は現地調達して生きろというのが上の指示。死んだ軍馬も食べた。毎日食糧のことばかり。馬ふんを拾って食べようかと思うくらい。体の弱い者から順に野戦病院に運ばれて、残った者は、『彼は帰れないよ』とささやき合った」

中隊同士で食糧を奪い合うこともありました。「自分が生きるのに必死。互いに助け合おうなんて気持ちはなくなった。戦争が人間性を奪った」

終戦を知ったのは45年8月17日。戦争終結の2日後でした。

「兵士の多くが、戦場で無残に死んでいった。無謀な戦争に突き進んだ軍部には悔しさしかない」と涙します。「戦争を総括し、責任を明らかにする必要がある。9条改憲は戦争への道だと声を大にして訴えていかないといけない」

（2）戦死した父の血染めの旗――語り部50回、青木正雄さん

南北9キロメートル、東西3キロメートルのペリリュー島。青木正雄さん（76）＝愛知県＝は、父・數雄《かずお》さんをこの島で亡くしました。2013年8月、父が身につけていた日章旗が69年ぶりに戻ってきました。米兵が戦利品として持ち帰っていたものです。

父の遺骨がない青木さん。「お父さん、お帰りなさい」と血染めの日章旗を抱きしめました。數雄さんは1944年7月、特設第35機関砲隊の一員としてペリリュー島に上陸しました。当時33歳。3度目の召集でした。

青木正雄さん

「中部太平洋方面部隊略歴」によると、特設第35機関砲隊は上陸後、不眠不休で陣地構築に従事。米軍が上陸した9月15日は「数倍に余る敵に対し最後の一兵まで肉攻斬《き》り込みに徹し（た）」と記されています。

青木さんは日章旗の返還を機に、父が生きた証しを探しました。ペリリュー島の戦闘を調べ、母に父のことを聞きました。長身で行動的、砂糖屋の商いでは消費者を平等に扱うことを心がけ、計算に明るい――。そんな父

中国に従軍していた当時の父・数雄さん

の人柄に触れ、青木さんは自分の性格は父親譲りだと実感しました。

15年秋、青木さんは他の遺族らとペリリュー島を訪問しました。追悼碑に「平和憲法はお父さんたち戦没者の遺言。大切に守っていく」と誓いました。

「立派な軍人になれ」と青木さんに遺言を残して戦死した父。島には日本軍の戦車の残骸がいまもあります。「軍国思想を徹底的に教え込まれた怖さを感じた」と青木さん。事実を知ることが大事だと思い、13年からは語り部活動を始めました。語り部としての活動は5年間で50回を超えました。

（3）ペリリュー島の遺骨を収集

――「太平洋戦争研究会」主宰　平塚柾緒さん

私は1971年から計8回、ペリリュー島を訪れました。ペリリュー島には日本軍が潜んだ3００とも5００ともいわれる洞窟陣地があります。上陸した米軍は洞窟を爆破し、ガソリンを流し込み、火炎放射器で日本兵を焼き殺しました。

72年、帰還兵と遺族による遺骨収集に同行したときのことです。山の中腹にある黒焦げの洞窟で多数の遺骨を見つけました。

体の骨は袋に入れて担ぎ下ろし、頭蓋骨は穴につる草を通して三つ四つをひとまとめにし、両肩にかけて下りました。何往復したかわかりません。

木の幹にツタでからまれた人骨も発見しました。おそらくこの兵士は木にもたれたまま、息絶えてしまったのではないでしょうか。

洞窟には不発弾が残り、奥に進むことは困難でした。入ることすら難しい洞窟も無数にありました。遺骨はまだまだあるはずです。

パラオ諸島には当時、本島とペリリュー島に飛行場があり、アンガウル島には飛行場予定地がありました。ペリリュー島の飛行場は東洋一といわれ、その争奪をめぐる戦闘でした。

サイパンやグアム島が短期間で占領され、それに衝撃を受けた大本営は44年8月、「島嶼《とうしょ》守備要領」を発令しました。日本本土や重要拠点のフィリピンを防衛するため、最後の一兵まで徹底的にたたかえという戦法です。パラオは本土決戦の〝捨て石〟にされたのです。

日本軍には、現地召集した沖縄出身者や日系人、朝鮮人軍属や軍夫もいました。補給はなく、現地司令部はサツマイモなどの栽培法を記した冊子まで作り、食糧増産をさせました。

防衛庁戦史室編さんの戦史叢書《そうしょ》を見ると、ペリリュー、アンガウル両島を除くパラオ諸島での日本の陸海軍の死者は４８３８人に上ります。米軍の上陸を受けなかった島としては異常な多さです。

そのうち陸軍の死者は２９５６人。「戦（傷）死」は６５０人で、残り２３０６人は「病死その他」でした。餓死とマラリアなど伝染病による死者とみていいでしょう。人の命がいかに軽んじられたかを象徴する戦場です。

平塚柾緒さん

＊ひらつか・まさお＝１９３７年、茨城県生まれ。戦史研究家。旧兵士や戦場の実態を取材。『見捨てられた戦場』（洋泉社）、『玉砕の島ペリリュー・生還兵34人の証言』（ＰＨＰ研究所）など著書多数。

（２０１８年5月27日号日曜版　本吉真希）

4　沖縄戦の真実　後世に伝えたい

日米両軍の地上戦に巻き込まれ、県民の4人に1人の命が奪われた沖縄戦（＊）。6月23日は、その組織的戦闘が終結したとされる日です。米軍の辺野古新基地建設など安倍政権による戦争への道に危惧を覚えた沖縄戦体験者には、長い沈黙を破り、体験を語り始めた人たちがいます。

（1）3カ月の妹を「殺せ」と迫られ――上間《うえま》幸仁《こうじん》さん

七十数年の沈黙を破り、自らの体験を語り始めた上間幸仁さん（84）＝那覇市＝。沖縄本島北部の屋我地《やがじ》島で生まれ育ちました。

■当時は11歳

母は上間さんを出産後に離婚し、その後再婚。継父は、沖縄戦が始まった1945年3月末には、すでに防衛隊に召集されて不在でした。当時11歳だった上間さんは母と異父きょうだい、母方の祖父と暮らしていました。

44年10月10日早朝、米軍の空襲が始まりました。米軍は那覇市をはじめ、各地の航空基地や港湾施設を攻撃。日本軍の魚雷艇隊が配備された運天《うんてん》港も例外ではありませんでした。同港近くのハンセン病療養所「国頭《くにがみ》愛楽園」（現・沖縄愛楽園）も大きな被害を受けました。上間さんの家はすぐそばでした。

翌45年4月1日、米軍は本島中部から上陸。同月20日夕、母は避難準備のため弟を親戚の家に預けに行った帰り、艦砲射撃を受けて亡くなりました。

「運天港がなければ、お母さんは生きていたかもしれない」

上間さんは生後3カ月の妹・ヒロ子さんを連れて避難しました。泣きやまない妹を見た住民からは、「米軍に見つかるから殺せ」「あんたがやらなかったら私がやる」とつめ寄られました。

上間幸仁さん

沖縄戦前に撮影された家族写真。前列左は上間さん、その隣が祖父。後列右が母親（上間さん提供）

ハンセン病療養所の台所跡地。この地域の建物は沖縄戦初期、空襲による被害を受けました＝1945年７月２日、屋我地（沖縄県公文書館提供）

「人間が怖くなった」と上間さん。妹を抱いて、遺骨が残る古い墓の中に逃げました。口をパクパクする妹に、雨水をタオルに含ませて飲ませました。「のどが渇いていたのでしょうね。そいつを吸いよったよ」

真っ暗闇の墓の中、妹と2人で泣きました。「お母さん、あの世があるなら連れに来てちょうだい」。一晩中、助けを求めました。

まだ子どもでしたが、妹の命が長くないことはわかりました。

「それでも生きてもらいたいさ。だから墓を出て家に帰ったんよ」。イモを炊いてガーゼでこした汁を飲ませ、母乳をくれる人も探しました。

しかし妹の顔はげっそりし、おなかだけが大きくなっていきました。「1週間くらい生きたでしょうね。最後は泣く力もない。苦しそうに息をして、僕の目の前で亡くなった」

上間さんに子どもが生まれたときです。「娘が泣くたびにヒロ子が来て泣いてるようでね…」。にじむ涙をぬぐいました。

■戦後、孤児に

母亡きあと一緒に暮らしていた祖父も戦後、学校が再開した翌日に亡くなりました。孤児となり「一番の悔しさ」は、学校に通えなかったこと。

一人で畑仕事をしながら、母と祖父を思い「何で死んだのー」と泣きました。「親がおれば、こうはならなかったはず。戦争を恨みました」

漢字が読めず、古い辞書で調べて必死に覚えました。仕事をしながら勉強し、さまざまな免許を取得。木造建築の棟梁《とうりょう》として家族を支えました。

■いま危機感が

自分の半生を「人にさらすのは恥ずかしい」と、これまで体験を語れずにきました。しかし昨年6月、東京都内で開かれた「沖縄の戦争展」で初めて証言しました。安倍政権の情報隠蔽《いんぺい》や、〝北朝鮮の脅威〟をあおるやり方に危機感を覚えたからです。

大本営は戦争中、米軍の艦船を多数撃沈した、とうその戦果を発表。兵士は子どもたちに、敵国の米国・ルーズベルト、中国・蒋介石、英国・チャーチルのわら人形3体を竹やりで突くよう指導しました。

「国民に真実を知らせない。いまの安倍政権と一緒」と語ります。

(2) 乳飲み子の兄は壕で餓死した——大城絹枝さん

戦後生まれで肉親の沖縄戦の体験を語り継ぐ人たちがいます。大城絹枝さん(66)＝糸満市＝もその一人です。

「沖縄・民間戦争被害者の会」の運営委員の大城さん。会員は沖縄戦や南洋群島での戦闘で家族を失ったり、負傷したりした人たちです。国に謝罪と賠償を求めて提訴するとともに、民間戦争被害者を救済する「新たな援護法」の制定をめざしています。

戦争体験を伝える講話の活動もしています。6月初旬に糸満市の小学校で行われた講話の会には、会員7人が参加。上間幸仁さんの姿もありました。

信じられない様子で聴いていた3年生の男児。涙を流して語る体験者を見て「本当の話なんだと思った。悲しいような、寂しい気持ちになった」と話します。

■避難で衰弱

大城さんの母親は沖縄戦で、生まれてまもない兄と6歳の姉を連れ、本島南部の壕を転々としました。栄養失調で母乳の出が悪くなり、日に日に兄は衰弱しました。

乳飲み子を連れた母が避難できる壕《ごう》はなかなか見つかりません。空襲や艦砲射撃が激しいなか、より危険な自宅の壕に戻りました。１９４５年６月11日、生後３カ月余りの兄はそこで餓死しました。

母たちはさらに南部へ避難し、多くの死体をよけながら逃げました。途中、糸満市で捕虜となりました。

近年の土地開発で、実家の辺りから米軍の不発弾が大量に掘り出されました。戦争当時、日本軍の格納庫があった場所でした。

「辺野古の米軍新基地建設の根底には沖縄戦がある。沖縄戦がなかったら、米軍に占領されることもなく、基地をつくられることもなかった」

犠牲者を追悼する６月23日になると、母と祖母は朝から目を赤くはらし、仏壇をきれいにすることを欠かしませんでした。「小さいときから、この日がどういう日なのか理解していました」

指先の名は亡くなった兄・當銘寛市さん＝糸満市の平和の礎で

と大城さん。体験者が高齢化し、やがて語り部がいなくなる現実に焦りを感じています。大城さんはいいます。

「憲法９条を変えられたら大変なことになる。体験を後世につないで、絶対に戦争はいけないと伝えてほしい。亡くなった人の無念を伝えてほしい」

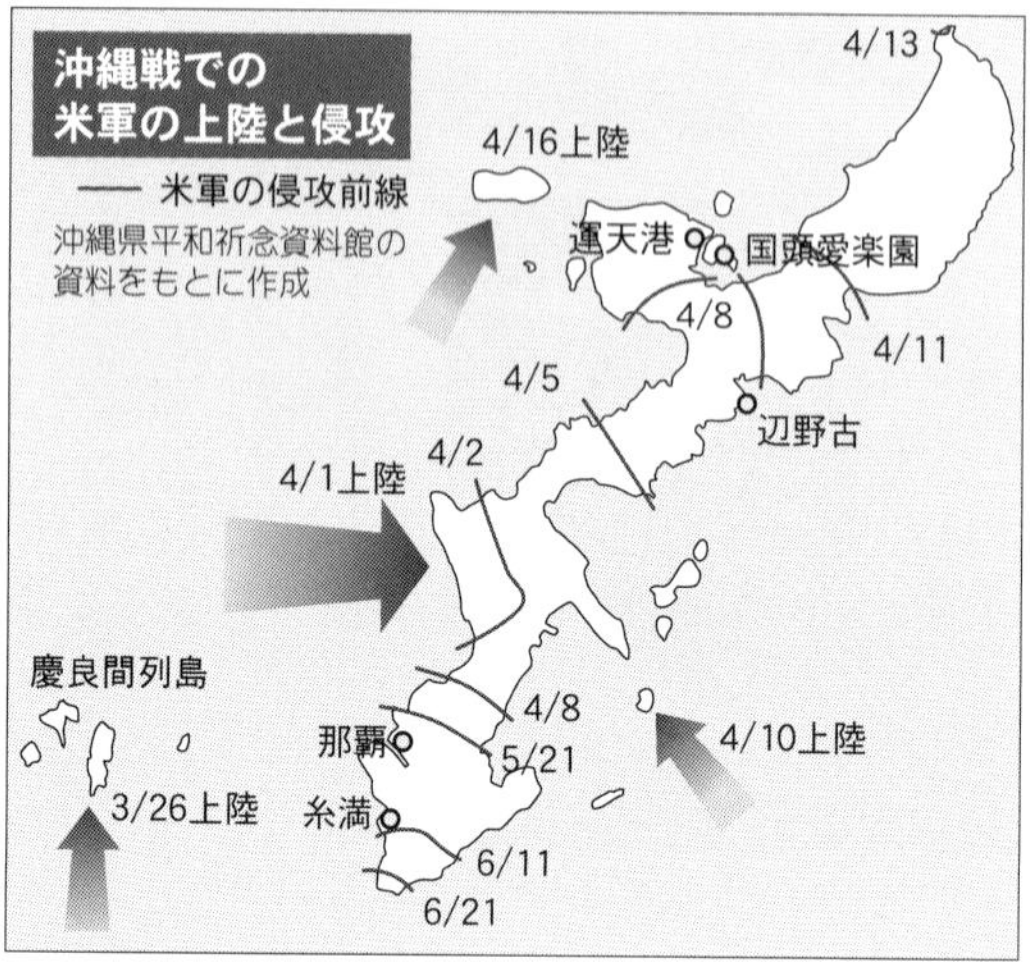

＊沖縄戦とは

米軍は１９４５年３月26日、沖縄本島の西方約40キロメートルの慶良間《けらま》列島に上陸。４月１日には本島へ上陸しました。米軍の艦砲射撃や空襲は住民に容赦なく降り注ぎ「鉄の暴風」と呼ばれました。

日本政府は「国体護持」（天皇制存続）のため、沖縄を「捨て石」にしました。

沖縄守備軍は「軍官民共生共死の一体化」を作戦方針（44年）とし、一般男性や中等学校の男女生徒を防衛隊や学徒隊として根こそぎ動員しました。

９月７日に沖縄守備軍が降伏調印し、正式に終結。日米の死者は20万人を超えました。

（２０１８年６月24日号日曜版　本吉真希）

Ⅲ部　証言・戦争

1　「隼」操縦、上空で敵機待ち——半田照彦さん

「終戦だなんてことはつゆ知らず、1万2千メートルの上空に敵機が来るだろうと待っていた」。長野県千曲《ちくま》市の半田照彦さん（94）は1945年8月15日の朝のことを振り返ります。

半田さんは44年、陸軍戦闘機「隼《はやぶさ》」の操縦士としてシンガポールで従軍しました。終戦日当日の早朝、隼に乗り仲間の戦闘機7機ほどと共にアメリカの戦闘機を待ち構えていました。ところがその日は不思議と相手の戦闘機は現れません。

基地から「すぐに降りてこい」と無線が入り、大急ぎで基地へ帰還。「重大放送がある」と飛行場にありったけの人が集まり「天皇の玉音放送」を聞きました。ラジオからはガガガと雑音しか聞こえません。

「何を言っているのかぜんぜん分からなかった。みんなは天皇が国のために尽くしなさいと激励されている放送だろうと思っていた。隊長は私たちに一言も教えなかった」

■「敗戦」知らされ

翌日、隊長から「敗戦」したことを知らされました。アメリカの飛行機が「日本兵に告げる。

無条件降伏、戦いはやめろ」などと書かれたビラをまきました。「ビラを拾って敗戦したことがはっきりわかった。がっかりしたという感情はなかった。命が助かるかもしれない、死なないで済むかもしれないという希望が湧いてきた」

半田さんの部隊は米軍爆撃機B29やインドのカルカッタから来るイギリス戦艦との戦闘要員でした。

「B29に機関砲を撃って当たっても向こうは平気。体当たりでもしないと、とてもじゃないが落とせない。B29から撃ち出される弾はすごかった。乗っているときは自分のことで一生懸命で他の機の様子を見るひまがない」

基地に帰還し、宿舎に仲間の姿がないことで戦死したことを知りました。「終戦がもう少し遅ければ僕はここにいなかったかもしれない」

半田照彦さん

■将校は先に逃げ

終戦後、半田さんはインドネシア領の無人島「レンパン島」で46年5月まで捕虜としての生活を送りました。食料が乏しいなか、マラリアに苦しむ人も多く、亡くなった人もいました。

「高級将校は戦争が終わる前にいなくなった。客用の飛行機に乗っていた。上の人たちは終戦前に分かっていたのだ

半田さんと練習機「あかとんぼ」＝（半田さん提供）

と、そのことを後から悟った」

戦後73年となる8月15日に95歳の誕生日を迎えます。

「日本軍の考え方は、人間は二の次で武器が先。人間の命はいくらでもあるんだという。武器の先端には菊の紋がついていて『天皇様の命令だ』となる。人間を軽くみていた。これは大きな罪だ。もうたくさんだ」

■少年兵が特攻に

半田照彦さんは、「満州」（中国東北部）に移民した人たちの子どもや青年たちの指導者になりたいと教師を目指し、1941年に関東州旅順の師範学校へ入学。ところが学徒動員で軍への召集がかかり半年繰り上げで卒業しました。

「軍隊に入れられて戦争へ連れて行かれるに決まっていると思っていた。もう覚悟をして、いっさい捨てたね。軍隊に入るのなら飛行機に乗ってみたい」と、43年に宇都宮市の陸軍飛行学校に入学しました。

半田さんは戦闘機の操縦士を希望。実戦用の飛行訓練をインドネシアのジャワ島で行い、さらに宙返りなどの特殊飛行の訓練をシンガポールで積みました。約3カ月の訓練を終えると100

人以上いた仲間が次々日本へ帰っていきました。

「自分を含めて13人は、B29との戦闘やイギリス艦隊を爆撃するためにシンガポールに残ってくれと言われた。44年の中頃だったから他の人たちは沖縄戦に行った。私たちが助かったのはシンガポールに残されたおかげだったけど、これも偶然の話だ」

44年10月、忘れることができない出来事が起こりました。インドのカルカッタから来たイギリス艦隊への出撃命令で、隊の中尉が少年飛行兵2人と共に戦艦に戦闘機ごと特攻したのです。

「基地に帰ってきたら中尉たちの姿がなかった。少年兵2人は中尉が突っ込んだから行かないわけにはいかなかったんだろう。250キロ爆弾をいつも腹に抱えていたから船に自爆した。少年らは17、18歳くらいだったな」

■食料盗む人まで

終戦をシンガポールで迎えた半田さんの部隊は、インドネシア領の無人島、レンパン島に収容され、翌年5月まで捕虜生活を余儀なくされます。レンパン島では日本兵約10万人が収容されたといわれています。

「食べる物がないわけ。最初は魚がたくさんいて、ヘビもトカゲもいた。ところが10日もたたないうちに全部食べられてしまっていなくなった。栄養失調だったが、みんな若いからなんとかやっていた」

食料は3日に1回配給され、約4キロメートルある港まで歩いて受け取りに行きました。米を一人ひとりに飯ごうに分けて自己管理しました。しかし日中に作業をしている間に他人の食料を盗む人もいました。

「マラリアで亡くなる人もあらわれてきて、それでも『戦死』となる」。半田さんも感染し、故郷に帰還するまで熱が出ていたといいます。

46年5月、半田さんはアメリカの輸送船で名古屋の港に到着。熱があり栄養も足りていないなか、篠ノ井駅（現長野市）から実家までの4キロメートルの道のりをやっとの思いで歩きました。

「家の近くの桑畑に来たときに、やっと生きて帰ってきた。よかったなあと思った」

戦後、長野県の小・中学校の教師を定年まで約30年間務めました。「こんな苦労は子や孫にはしてもらいたくない。若い人には日本という国をじっくり見てもらいたい。正しい見方で正しい生き方をしていただければありがたい」

（2018年8月14日付　原千拓）

2　目前で奪われた身内の命――中島松江さん

「みんなに生かされた命。戦時と戦後を生きてきた『女』として、死ぬまでに全部伝えておきたい」――。川崎市中原区の中島松江さん（88）は、1990年まで30年間、早朝3時に起き、プレス工場を切り盛りしてきました。20年前、心筋梗塞に倒れ九死に一生を得ました。命と平和の大切さを心の底から訴えています。

■目の前で爆弾が炸裂

45年4月4日夜、松江さんが「ピューと音がした。あれは何だ」と思った瞬間、目の前で爆弾が炸裂しました。親戚の男性とその子ども2人が犠牲になりました。死体はバラバラ。木や電線に誰のものとも判別がつかない肉の塊がぶら下がり、身内の物らしきものを集めてひつぎに納めました。電気もなく、ヤミで買ったろうそくでお通夜をする始末でした。

この日、横浜、川崎の工業地帯を約80機の米軍のB29爆撃機が襲いました。松江さんの実家のあった川崎市高津区は、一瞬にして6世帯17人が犠牲に。「笹の原の空襲」です。

川崎市宮前区から高津区にかけての丘陵地帯には、敗戦までの3年間、通称・陸軍東部62部隊

（陸軍歩兵１０１連隊）もありました。

松江さんは「毎年この日（４月４日）が来ると空に向かって手を合わせます。民間人が犠牲になった悲惨な状況を目の前で見ている。安保法制（戦争法）を導入した、安倍首相は何を考えているのか……。『もう（首相を）辞めてください』の言葉しかない」と憤ります。

中島松江さん

■シベリアに抑留

１９４２年、松江さんは、小学校を卒業すると12歳で「年季奉公」に出されました。家族13人。「口減らし」でした。子どもを背負い、おしめを洗い、ご飯の支度が仕事でした。「お母ちゃん。なんで春になると来るの」。「おまえの給金をもらいにきたんだよ」―。１カ月５円。年60円の給金を先払いでもらっていたのです。松江さんの実父は２歳の時亡くなり、母は再婚。「母の連れ子」と邪険に扱われました。

戦後、19歳で14歳上の金次郎さんと結婚。親同士が決めた結婚で娘を３人もうけました。金次郎さんは中国を転戦し、シベリアに抑留されて48年11月、舞鶴港に戻ってきました。家は空襲で焼かれ、バラックのトタン屋根、８畳一間の掘っ立て小屋に親子５人が生活しました。道端の草を干してうまやに売って糊口《ここう》をしのいだこともあります。

「ふと振り向いたら銃だった。危うくやられるところだった。俺がやらなければ俺が死んでいた」―。松江さんは金次郎さんの思いがけない話に背筋が寒くなりました。中国で農民家族がくわで畑を耕していました。子どもが小さいから「助けてくれ」と、畑に額をつけて泣きながら頼むので、「早く帰れ」と帰して振り向いたら、逆に銃を向けられていたというのです。

■何度もうなされ

松江さんは「60年間、お父さんと一緒にいたけれど怖かった。命令調で目が据わっていた。やわらかい愛情がなかった」と振り返ります。「生きて帰ってきたということは人殺しもしてきたはず」―。松江さんは声を落としながら「何度もうなされていましたよ。戦場では一対一の衝突。相手は敵。いつも枕元に木刀を置いて寝ていました。戦争はそこまで人を脅かしてしまうのです」と話します。

松江さんは力を込めていいます。「孫、ひ孫たちが18人。命にかえても守ってやりたい。人を殺しあやめる、戦争だけは絶対にやめてほしい」

（2018年8月15日付　遠藤寿人）

3 「平和の礎」に叔父の名が――大沢ユウ子さん

■沖縄の海壊すな、新基地ノー

北海道室蘭市の大沢ユウ子さん（75）は17年前、梅雨明け間近だった2001年6月半ばの沖縄を、母親（08年死去）たちと一緒に訪れていました。太平洋戦争で戦死した母の弟で、大沢さんの叔父、桜庭保正さん（享年21）がどのような最期を迎えたのか、その手がかりを探す旅でした。

目的地は糸満市摩文仁《まぶに》の平和祈念公園。沖縄戦などで犠牲になった戦没者の名前が国籍や軍人、民間人の区別なく刻銘された記念碑「平和の礎《いしじ》」が建立されている場所です。

■偶然見つけ号泣

2人にとって初の沖縄訪問のきっかけは、4カ月前にさかのぼります。当時、叔父がどこでどう亡くなったのか家族は誰も知りませんでした。そんな時、大沢さんの姉が沖縄旅行中に碑に刻まれた二十数万人の中から偶然にも叔父の名前を見つけ、号泣したというのです。

平和の礎で名前を確認してから3年後、叔父の消息を伝える資料が新たに見つかりました。自爆攻撃のために開発された人間魚雷「回天」の、元搭乗員や関係者が発行した潜水艦戦死者名簿に叔父の名が載っていたのです。

それによると叔父は戦争末期、回天を搭載した伊号361潜水艦の乗組員の一人でした。1945年5月末、この潜水艦は回天特攻部隊の拠点があった光基地（山口県光市）を出航後、沖縄東方の海域で米空母から攻撃を受けて沈没。乗組員は81人全員が戦死したとされています。

平和の礎を初めて訪れた日は梅雨の晴れ間で、強い日差しがじりじり照り付けていたと話す大沢さん。青森県出身者の一覧に叔父の名が確かにあるのを見つけた時の母の様子を鮮明に思い出します。

大沢ユウ子さん

■「ここにいたのか」

「母は思わず『おまえ、ここにいたのか』と呼びかけ、（刻銘を）指でなぞっては地面に座り込み、しばらくその場から離れようとしませんでした。ようやく腰を上げた後に言ったのは、記憶によみがえる叔父の面影は出征で別れた時のままだと」

戦後、母の実家に行くたび仏壇に置かれた遺影を見て叔父を身近に感じ、母からも「すごく優しい子だったよ」と、いつも聞かされていた大沢さん。20歳で赤紙が来て海軍に召集された後、家

21歳で戦死した桜庭保正さん

族は一度も再会を果たせないまま死亡通知書を受け取りました。遺骨代わりの石ころがたった一つ入った白木の箱が届いただけだといいます。
叔父は南の島で戦死したとしか遺族に知らされなかったため、祖父たちは叔父の最期を詳しく知る前に亡くなりました。「みなが生きているうちに沖縄に連れてきたかった」と、亡くなった母も悔いを残していました。

■連帯の輪広げる

死者たちの墓標ともいうべき海底のどこかにつながる沖縄の海が、安倍自公政権の強行する辺野古新基地建設で壊されようとしている今、大沢さんは沖縄の新基地ノーのたたかいに連帯の意を強めています。
沖縄の人たちが、遺族にとって大切な故人を分け隔てなく弔い、平和の礎という追悼の場を大事に守り続けていることに、恩義があるという大沢さん。装飾的にひもを結んでものづくりをする手芸「マクラメ」を通じて交流がある多くの人たちに、沖縄への連帯の輪を広げる努力を続けています。「叔父と沖縄のつながりや私の体験を語り、沖縄の心を伝えたい」と。

（2018年8月16日付　岡素晴）

4　防空法に奪われた兄の命——田村吉重《よしえ》さん

「空襲を恐れて逃げた者は処罰する」。アジア・太平洋戦争の末期、青森県知事と青森市長がそんな通告をしたことで、田村吉重さん（78）は、障害を持つ兄を亡くしました。

空襲1週間前の1945年7月21日に通告は出されました。28日までに避難先から戻らなければ、町会・隣組の台帳から氏名を抹消し、食糧配給を停止すると市長が発表しました。当時の「防空法」は、民間人に「逃げるな、火を消せ」と厳罰で強制しました。

27日、通告を受けて、病弱の母と重度の脳性小児まひを患った6歳上の兄、そして吉重さん（当時5歳）の3人は、疎開先から父と8歳上の姉がいる青森市の自宅へ戻りました。

その深夜、米軍のB29爆撃機が飛来、爆撃予告のビラ6万枚を市内にまきましたが、警察などが「読むな」とふれ回りました。

28日夜、姉が寝ていた吉重さんを揺さぶって起こしました。父は職場で不在。避難について母と姉がいい争い、眠る兄を布団ごと仏壇の前に運びました。直後、家の真向かいの東奥家政女学校（現東奥学園高校）が真っ赤に染まります。市上空に現れた62機のB29は、殺傷力を高めた焼夷弾38本を束ねた焼夷集束弾を2186発も投下しました。

田村吉重さん

長兄から吉重さんに送られた軍事郵便

■空を赤く染めて

姉は、吉重さんと母の手を引いて家を飛び出しました。外は、火の海から逃げてきた人、人、人。走っても取り残される3人を襲う米軍の無差別攻撃。炎に包まれた貨車の下を死に物狂いでくぐり抜け、逃げ続けました。

ようやくたどり着いた農村地帯の小学校は黒山の人でした。校庭から見える真っ赤な空。怖くて泣きました。

火災が鎮まった後、戻った父と姉が仏壇の前で焼死していた兄を確認しました。「厳罰通知がなかったら、兄が焼け死ぬことはなかった」。青森空襲は、市街地の88%を焼き尽くし、1000人以上の犠牲者を出しました。

終戦から1年ほどたったある日、痩せこけたこわい顔つきの男が家にやって来ました。出征していた19歳上の長兄でした。戦地でマラリアにかかり、帰郷した兄は、吉重さんがどんなに聞いても戦地で起きたことは一切語りませんでした。「知らなくていい」と言ったまま十数年後、40歳で亡くなりました。

吉重さんの心に戦争で受けた傷が深く残っていました。終戦から45年がたった50歳の時、友人と出かけた花火大会で、初めてフラッシュバックに襲われました。ドーン、パラパラと音を立てて空から降る光の雨が、空襲での光景と重なり、体がガタガタ震え、その場にうずくまり、おえつし、泣き崩れました。

「戦《いくさ》は2人の兄の命を奪いました。年月がたつほど断片的だった記憶がよみがえってくる。戦時中、障害のある子どもを抱えた母の思いや『弟を殺したのは私だ』と自分を責め続けた姉を思うと、胸が締め付けられます」

吉重さんはいま、「ヒバクシャ国際署名」を広げるため、街頭に立ち、宣伝や地域の行動に参加しています。

■母の言葉支えに

「よっちゃんは、考える力を持っている。良いと思ったことは何でもやりなさい」との母の言葉が支えです。

吉重さんはいいます。「戦争反対は私の生きる原点です。亡き家族の思いを胸に、戦争の悲惨さと命の尊さを語り継ぎます。二度と戦争をさせてたまるものですか」


（2018年8月17日付　青森県・藤原朱）

5　隠された東南海地震、報道統制で助けなく——齋藤ようさん

「私たちにとって戦争と地震は切り離せません」――。太平洋戦争が激化する中、甚大な被害を出しながら言論統制のため全国にほとんど知られることのなかった地震がありました。

齋藤ようさん（84）＝東京都町田市在住＝は当時11歳。静岡県浜松市天神町の商店が並ぶ一角で酒屋を営む家の三女として生まれました。７人兄妹でした。

国民学校４年生だった１９４４年12月７日午後１時半すぎ、齋藤さんが自習の時間に友だちとおしゃべりをしている時でした。

「高射砲か爆弾が落ちたのか」と思うほどの大きな音と揺れ。生まれて初めて体験する地震です。木造校舎の柱が風にあおられるように揺れていました。自宅まで戻る途中に、倒壊した家屋の下敷きになった人など、被害を目にしました。自宅も石積みの塀が崩れ障子が倒れていました。「ぺしゃんこになった家もあり、大変な惨状で怖かった」

東海地方を襲った東南海地震（マグニチュード７・９）でした。

■爆弾が自宅直撃

軍需工場に動員されていた学徒が多数圧死するなど、死者は愛知、静岡、三重の3県を中心に約1200人に上りました。しかし政府は、国民の士気低下を招き、自国の弱みを見せかねないと被害状況を報道しないよう統制したのです。被害を記者に伝えた人が憲兵に拷問されるなど、統制は徹底しました。齋藤さんも友人から「スパイと言われ捕まる」と聞かされました。

「あれだけの被害が知らされていなかった。戦争というのは庶民の生活をめちゃくちゃにして、助けてもくれない」と憤ります。

軍需工場が集中していた浜松市は地震後、空襲がさらに激化します。焼夷弾だけでなく、校庭にいて艦載機の機関銃で撃ち殺された人もいました。

「戦争に勝つとか負けるとか考えたことはありません。ただ恐ろしいという思いでした。将来のことは希望もなく、想像もしていませんでした」

齋藤ようさん。手前が同級生らと体験をまとめた冊子

翌45年4月30日、B29の爆弾が自宅を直撃。酒が燃え広がり家は全焼しました。

齋藤さんは弟と疎開しましたが、「どうせ死ぬなら家族は一緒に」と呼び戻され、浜名湖の北岸・都筑の親戚宅で終戦を迎えました。

「一番うれしかったのは空を仰げることです。B29の爆音、爆弾が落ちる恐怖がなくなると知ってうれしかった」

1年半後、19歳の長兄の死を知らされました。終戦間際の8月9日、在学していた中国・ハルビン学院で徴兵され入隊していました。兄の後ろについて回っていたという齋藤さん。「音楽が好きでレコードを毎日じっと聞いていたような人。優しくて戦争には向いていない。徴兵があと1週間後だったら助かったんでしょうけど」と悔やしさをにじませます。

■戦争は許せない

戦争法や改憲など、安倍晋三政権の進める「戦争する国づくり」について「私は絶対に許せない」と語気を強めます。戦争と地震の体験を伝えるため、中学・高校の同級生らと冊子を出版しました。

夏休みの登校日、汗をかきながら自転車で坂を上り、新しい憲法について学び感じた思いを昨日のことのように語ります。

「一番は戦争放棄。この世ではありえないと思っていたから、本当にうれしかったんです。それを変えるのは絶対に駄目」

（2018年8月18日付　松浦裕輝）

6　鹿児島の空襲、6歳、一人はぐれて——金子典子さん

東京都大田区の金子典子さん（79）は、6歳のときに鹿児島県加治木町（現始良《あいら》市）で空襲にあいました。「私の世代は中国から引き揚げた人も多く、私の体験は、その人たちの苦労とは比べものになりません。でも、空襲のことは鮮明に覚えています」

■「みんな逃げろ」

瓦工場の自宅は加治木町の中心地にありました。終戦4日前の1945年8月11日昼すぎ。よく晴れた日でした。空襲警報が鳴り、自宅の庭に面した防空壕に避難しました。

父親が「だめだ、爆弾が落ちた。みんな逃げろ」と叫びました。全員が走り出しましたが、金子さんはどうしていいか分からず、父親のもとに駆け寄りました。「逃げろ！」と追い払われ道路に出ましたが、母親たちの姿はもうありません。左の方へ近所の人たちが走っていくのが見え、後を追いました。

男性が「伏せろ」と叫んだので、金子さんは耳と両眼を手で押さえて地面へ伏せました。ダダダダッと機銃掃射を受けました。銃弾が左から右へ金子さんの頭の先を走っていきました。「死

6歳で空襲を体験した金子典子さん

んだかと思いました。痛くないなあとも思いましたよ」と振り返ります。

顔を上げると辺りには誰もいませんでした。

まわりの家が焼けて道路は火のトンネルのようでした。泣きながら山の方へ走っていると、避難している加治木中学校（現県立加治木高校）の生徒たちがいました。「おにいちゃん」と泣きつくと、一人の男子生徒が手を引いてくれました。しばらく一緒に走ると、近所に住む女性らの姿が。金子さんは女性の方へ駆け寄りました。町から離れた山の中で暗くなるまでじっとしていました。

「もうおまえは死んじゃったんだと思っていたよ」──。近所の人に連れられて家に戻ると、母親は泣きながら金子さんを抱きしめました。

母親は5歳の三女を抱き、8歳の長女は1歳の長男を抱いて、金子さんとは反対の方向へ逃げていました。

父親は、家財道具を運ぼうと馬小屋から馬を引っ張り出そうとしましたが、馬は動かず焼け死んでしまったと話しました。

この空襲で703戸が焼失し26人が亡くなりました。

自宅と工場は丸焼けになっていました。別棟にしていた乾燥小屋と、新築の家財道具を入れるための小屋が残りました。翌日から、小屋で6人家族の生活が始まりました。
終戦後、23歳で上京。「住まいは毎晩のようにプロペラ機が飛ぶところでした。その音を聞くと鳥肌が立つのが2年くらい続きました。空襲のトラウマだったのだと思います」と話します。

■9条改憲阻止を

金子さんは現在、「憲法9条・大田女性の会」で毎月街頭に立っています。97年にガイドライン（日米防衛協力のための指針）が見直され、日本による米軍への支援が、日本周辺で起こる事態にまで広げられたことに、「これって戦争準備じゃないか」と危機感を持ち、会を結成。今年で21年を迎えます。

２０１５年5月から17年8月まで、区内で集中的に開催した「憲法カフェ」は60回に及び、自民党の改憲草案をテーマにした回は好評でした。

９条改憲の野心を捨てず、国会答弁はうそばかりの安倍晋三首相に怒ります。「市民と野党が共闘して、選挙で勝っていくしかありません」と力を込めました。

（２０１８年8月21日付　仁田桃）

7 〝銃を持たない軍隊〟少年農兵隊——遠藤幸男さん

太平洋戦争下の1943年、政府は「食糧増産応急対策要綱」を閣議決定しました。食糧事情の悪化、農業労働力確保の緊急事態に、15歳前後の少年を、過酷な開墾作業に駆り出して乗り越えようとしたのです。全国で動員された彼らは〝銃を持たない軍隊〟「少年農兵隊（食糧増産部隊）」と呼ばれました。

■指紋が消える

山形県出身の遠藤幸男さん（92）＝東京都町田市＝は、45年3月、大学2年（当時18歳）のとき、福島県少年農兵隊第11中隊（約60人）に「中隊付き」の幹部として配属されました。

少年農兵隊については資料不足などで全容が分かっていません。遠藤さんは戦後あちこち調べて、「静岡県磐田地方事務所」に関する資料を入手しました。

趣旨は「農村の要請に即応して随時随所に出動し、農耕、土地改良等に挺身《ていしん》せしめ以て食糧増産に寄与せしめんとす」とあります。編成及び訓練は、員数3万人（全国）、静岡県750人。隊員資格は①満14歳以上19歳未満の男子②農家の後継者たるべきもの。「教育訓練は皇国農民精神の鍛練陶冶《とうや》を主眼とし修身公民」としています。

遠藤さんは、「青少年の特攻精神を持った軍隊組織でこの困難を切り抜けようとしたのです」と指摘します。

第11中隊は福島県東部（浜通り）地域の農家の長男などで占められていました。遠藤さんは「この辺は水利の便が悪くて水田が少なく畑地ばかり。せいぜいタバコ栽培で、農家は貧困者も多かった。布団がなく土間に稲わらを敷いて潜って寝る、電気がなくランプ生活をしていたとの話も聞いた」といいます。

少年農兵隊の実体験を語る遠藤幸男さん

第11中隊の最初の作業は福島県西白河での原野の開墾でした。朝から夕方まで1日中、開墾用の「三本くわ」を振るう重労働。地元の小学校に宿泊。当番制の共同炊事で中隊付きが賄いを担当。たんぱく質は油揚げしかなく、野菜をプラスした「五目飯」が好評でした。「手の平のまめができるのを通り越して、手のひらがすり減り指紋が消えるほど。しかし、農兵隊に来たほうが食べるには良かった少年もいた」と遠藤さん。
少年たちの服装は着の身着のまま。自分の布団を背負って移動。ほとんど入浴はなくノミの襲撃も。雑穀を混ぜた飯に一汁一菜で、その量が少ない時もありました。
白河郊外では工場に泊まって防空壕のトンネル建設工

事に従事。浜通り地域を転々として、農村生活向上のため、スコップ仕事とモッコ担ぎで、ため池や用水池の堤防作りを行いました。

■「お国のために」

中隊付きの任務に軍事訓練もありました。遠藤さんは「一日中の肉体労働が終わると疲れ切り、せいぜい軍歌を斉唱するくらい。軍事訓練や学習は全然できなかった」といいます。「それでも教育勅語や軍人勅諭を毎日読んできた、生まれながらの軍国少年たち。お国のためなら命も捨てる使命感に燃え無我夢中に、まっしぐらに前進するだけでした」と振り返ります。

45年8月10日。遠藤さんは徴兵され愛知県の豊橋第一予備士官学校に入学。そこで敗戦を迎えます。その時、遠藤さんは、電気機関車の「ピー」という悲しげな汽笛を聞いた途端、無性に家に帰りたくなったというのです。「人間は本能的に家や故郷に帰ろうとするのか。あれほど死ぬのは当たり前、生きて帰れるとは思っていなかったのに…」と不思議な体験を語ります。

（2018年8月23日付　遠藤寿人）

8　通州事件で父母妹を失う――鈴木節子さん、櫛渕《くしぶち》久子さん

滋賀県大津市の櫛渕久子さん（90）は、81年前の1937年8月、中国・北京近くの小都市、通州《つうしゅう》にいた両親と末の妹の無残な死を、母の実家（群馬県）で知りました。

小学校に上がるため、2年前に帰国していた久子さん。3年の夏休みの登校日、先生や友人たちの自分への視線や態度に「何かおかしい」と感じました。

家に帰って新聞を広げると、開業医だった父・鈴木郁太郎さん＝当時（35）＝と、看護師で産婆もしていた母・茂子さん＝同（31）＝、妹・紀子さん＝同（1）＝の写真が。「日本居留民」が中国人の保安隊に襲われ、日本人、朝鮮人200人以上が殺害された「通州事件」（＊）を報じていました。衝撃で頭が真っ白に。村はずれの滝まで走り、気付いたときは飛び込んでいました。

■中国人に救われ

親と一緒にいたすぐ下の妹、鈴木節子さん（84）＝東京都足立区＝は当時3歳10カ月。住み込みで働いていた中国人看護師の何鳳岐《かほうき》さんに命を救われました。

鈴木節子さん

櫛渕久子さん

「私の子です！　返して」。21歳だった何さんは保安隊の手から必死に節子さんを取り戻しました。2人でコーリャン畑に数日隠れ、夜だけ歩いて約2週間後に北京にたどり着くと、節子さんを日本軍に届けました。命がけでした。

「当時の情景は断片的に覚えている」と、節子さん。何さんに手を引かれ抱きしめられた感覚、暗い所を歩き物乞いをした記憶、日本語を話そうとして、「不行、不行！（プシン＝だめ！）」と怒られたこと――。連絡を受けて日本から駆け付けた祖父は後に、「手のひらに乗るくらいに痩せていた」と話しました。

幼かった久子さんの目には、地域に溶け込み中国人の住民と親しく交わっていた両親の姿が焼き付いています。「なぜ30代の若さで死ななければならなかったのか」。保安隊への憎悪、親を失った底知れぬ寂しさ、悲しみを胸の奥深くに封印しました。

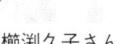

「私たち姉妹は親を亡くし、結婚など人生のさまざまな場面で差別やいじめ、無視にもさらされました。戦争がもたらした人々の心の荒廃は戦場だけのものではなかった」

誰が何のために起こした戦争なのか。本をむさぼるように読み、日本が中国に対して行った侵略戦争の歴史と暴虐の実態を知りました。侵略した地で両親が担わされた役割も、広い視野で考えられるようになりました。

■体験を話す決心

久子さんが戦争体験を語り始めたきっかけは、3年前に次男を亡くしたことです。あまりのつらさに、戦争で子どもを亡くした幾多の母親たちの悲しみと思いがつながりました。「二度と戦争はダメと、体験を話す決心がようやくついた」。その背中を地域の新日本婦人の会の仲間たちが押してくれました。久子さん自作の紙芝居や小冊子の作成に協力し、とりくみを広げています。

母茂子さん（左）と何鳳岐さん
（櫛渕久子さん提供）

ここ数年、南京大虐殺（1937年）を否定する一部の論者やメディアが、通州事件を利用して中国人への憎しみをあおっています。

「日本が中国でしてきたことを思うと、それは許されない」と節子さん。「何さんがいたから今の私がいます。私が何さんの立場だったら命が惜しくて逃げたと思う。通州事件の大本にある戦争そのものがだめだということ」。力をこめてこう語ります。「私の生涯の軸は反戦です。黙っていてはだめ。いまの社会の危うい動きをよく見て行動する大切さを、若い人に伝えていきたい」

＊通州事件

日中戦争の発端となった北京郊外の盧溝橋事件（１９３７年７月７日）から間もない同月29日、日本の傀儡《かいらい》政権だった自治政府が治めていた通州（現・北京市通州区）で起きた反乱事件。中国人部隊だった自治政府の保安隊が日本軍通州守備隊や「日本居留民」を襲撃し、２００人以上を殺害。事件は当時、日本国内で「通州の大虐殺」と大々的に報道され、国民の憎悪、敵意をあおるのに利用されたといいます。

（２０１８年８月25日付　西口友紀恵）

9　日本兵が「歴史を勉強して」と――南渉《みなみわたる》さん

「おじさんたちは中国人にひどく悪いことをした。だけど戦争を起こしたもっと悪い人たちがいる。大きくなったら、歴史を勉強してね」。神戸市に住む南渉さん（83）は11歳の時、旧「満州」（中国東北部）の大連で捕虜になった日本兵からこう言われました。

1935年、南さんは5人きょうだいの末っ子として朝鮮国境近くの南満州の石橋子《せききょうし》で生まれました。すぐ石橋子の北側にある安東に転居したため、出生地の記憶はないと言います。

「父は旧ソ連と『満州』の国境駅勤務で別居、母は三味線などを日本人会で楽しんでいました」。当時は、中国人を酷使するなかで、悠々自適の生活をしていました。雨の日は、中国人の車夫が引く人力車で幼稚園に通いました。

■道路の中央に壁

その後旅順に転居し、南さんは国民学校に入学しました。当時の街は、道路の真ん中に壁を立て、中国人街と日本人街に分かれていました。

「庭に防空壕を掘りましたが、一度も空襲はありませんでした。この地域には日本人と中国人が雑居しており、軍事基地もなかったことが理由だと思います」。日本本土のように、食料にも困らなかったともいいます。

夏休みに父の赴任地へ行っていたとき、ソ連軍が侵攻。赴任地から母親と兄の3人で、旅順へ逃げ帰りました。敗戦を知ったのは、逃避行の最中です。「逃避中は、食べ物はなし、飛び乗った屋根のない貨物列車は、途中で止まりました。乗り換えの駅の広場で、雨に打たれながら列車を待っていました」

南　渉さん

従軍看護婦が、リンゴを切り分けて駅にいた子どもたちだけに配っていたことと、次の列車が待つ停留所まで、3人を人力車で運んでくれた中国人車夫のことは、今でも記憶しています。

ソ連軍が旅順に進駐すると、南さんたちは家族で大連に強制疎開となりました。大連では、一家総出で働きました。南さんは、市場でお茶売りをしました。

■全活動の原点に

12歳の時に引き揚げ船で日本に戻り、鹿児島市の引き揚げ者住宅に住むことになりました。市内の高校を卒業後、兵庫県明石市に移り住み、社会保険神戸中央病院に事務員として勤務。「私の全ての活動の原点は、大連で捕虜の日本兵が言った『歴史を勉強してほしい』という言葉です」という南さんは、こう強調します。

「憲法第9条には、日本の良識が実っています。そうたやすく変えることはできません。安倍自民党政権が9条改悪を狙っています。一見強そうに見える安倍政権ですが、野党が共闘し、市民が連合すれば必ず打ち崩せるでしょう」

（2018年8月28日付　井上拓大）

10　横浜大空襲　街も人も焼かれ——川畑篤子さん

1945年5月29日、横浜市には柔らかい日ざしがそそいでいました。

川畑篤子さん（86）は当時13歳。港を抱える市の中心地・中区で家族と暮らしていました。朝、いつも通り女学校への身支度を整えていました。そこへ空襲警報が鳴り響きました。

■3メートル先に焼夷弾

次の瞬間、3メートルと離れていない隣家の風呂場に焼夷弾が落下。叫びながら玄関に回り、4歳の妹を背負った母と大通りへと駆け出しました。できたばかりの郵便局は窓口から真っ赤な炎が噴き出しています。

「局の人は大丈夫だろうか」。そう思った直後、母の3メートル先に焼夷弾が落ちました。「とにかく逃げなきゃと。下を向いて、ただ走った。無我夢中でした」

湾岸までたどりついた所で、30〜40人が固まりになりかがんでいます。火の粉が舞うなか、念仏を唱えている人も。当時の情景はまばらながらも、「強い恐怖心」は鮮明に残っています。

どのくらいたったか。音が消え、顔を上げると、空は重い灰色に変わっていました。

目にした街は一変していました。「あぁ、何もなくなった」。海岸まで見わたす限りの焼け野原。玄関前にあった鉄の門扉、庭のクスノキの大木、ブランコもすべて消えていました。米軍は1時間の無差別・集中爆撃で、市の中心部に数十万発を超える焼夷弾を投下。街も人も焼き尽くしました。

避難所へ向かう途中で出会った犠牲者の姿は、今も脳裏に焼き付いています。

「真っ黒く焦げ、四つんばい。白目をむき、じっとどこかをにらんでいる。性別も年齢も分からない。今思うと体は小さかった」

別に逃げた父や弟たちは無事でした。しかし生活は一変しました。

川畑篤子さん

オランダの商社に勤める父をはじめ、6畳一間で6人暮らし。配給の食料は腹を満たすには程遠く、学校へ行けるのも週1、2回ほどでした。おしゃれや恋なんて「全くない」。戦争に塗りつぶされた青春でした。

空襲前、学校でも戦時色は日に日に濃くなっていました。遊戯は太平洋行進曲、国語の音読は「ススメ、ススメ、ヘイタイススメ」。「壁に耳あり、障子に目あり」という隣組のポスターも描かされました。教師たちは「神風が吹いて日本は勝つ」とくり返し教えました。

ただ一人、外国で働いたことのある父だけは「負ける」と言います。「日本は勝つ」と信じる姉と毎晩けんかをしていました。「お父さんは正しいことをいっている。でも、そんなこと絶対に口にできなかった」

■憲法は皆の願い

戦後73年――。秘密保護法、戦争法＝安保法制の強行。そして憲法改変への動き。川畑さんはかみしめるように語ります。

「独裁者に言いたい。どれだけみんなが苦しんだか。あの思いをしてごらんと」「戦争をしないと誓った憲法は、みんなの願い。仲間を一人でも増やし、戦争への流れを止めたい」

＊横浜大空襲

１９４５年５月29日、午前９時。Ｂ29爆撃機約５００機、Ｐ51戦闘機約１００機が襲来しました。１時間で約２５００トンと東京大空襲を上回る焼夷弾を投下。当時の記録では死者数は約４０００人。その後の調査では８０００人以上と推定されています。

（２０１８年８月29日付　芦川章子）

11　学童疎開、母が恋しくて——板垣葉子さん

1944年秋。国民学校（今の小学校）3年生だった板垣葉子さん（82）＝東京都日野市＝は、疎開が決まり、「お友だちとお泊まりができる」と旅行気分で荷作りしていました。そばで母親が、涙をこぼしていた姿が今でも脳裏に焼き付いています。

駒込駅で母や近所の人たちに見送られ、列車に乗り込みました。だんだん小さくなる母の姿に、少し不安になったといいます。

板垣葉子さん

■本堂で寝泊まり

板垣さんが6年生の兄と疎開した先は、栃木県那須郡馬頭町（現那珂川《なかがわ》町）の総徳寺でした。山を越えた農村の一角にある寺院に到着し、板垣さんは「遠くに来たな」と幼心に思いました。

第2次世界大戦末期に国策として行われた学童疎開。都市に住む国民学校3～6年生の子どもたちが戦火を逃れる

ため親元を離れ、地方に避難しました。

板垣さんは東京都本郷区（現文京区）で、妊婦の母、6年生の兄、病弱な4年生の姉、幼い弟、母方の祖母、父方の祖母と暮らしていました。父は海軍に召集され不在でした。

疎開先では、子どもたちは本堂で寝泊まりしました。

地元の婦人会の女性たちが、食事や風呂など、親切に世話してくれました。

約2キロメートル離れた地元の小学校に通いました。冬は足にしもやけができ、つらかったといいます。「皮膚がくずれて本当に痛かった。住職の奥さんがミカンの皮を干して煎じた湯につけて手当てしてくれました」

住職の奥さんは、一番年下で背も小さかった板垣さんをいつも気にかけてくれました。

「奥さんに甘えたくて、〝おなかが痛い〟と言って学校を休んだ日は、優しく介抱してくれました。やっぱり母が恋しかったんでしょうね」と語ります。

疎開していた児童の保護者が撮影した写真をいまでも大切に持っています。

■平和な社会望む

45年3月10日、東京を大空襲が襲いました。板垣さんの実家は家財もろとも焼失し、一家は命からがら逃げ延びました。

親戚を頼り、福島県原ノ町（現南相馬市）へ身を寄せました。「助けてください」と手をついて懇願する母に、当主は、「母屋は空いていないので離れの蚕室で良ければ」と言ってくれました。

母は「葉子を迎えに行く」と、その足で板垣さんのいる総徳寺へ向かいました。板垣さんと身重の母は、駅で野宿をしたり、荷馬車に乗せてもらったりして1週間かけて福島に戻りました。板垣さんは、母を独占できるという思いで、有頂天でした。ところが、福島の家は「東京のお嫁さんが子どもと老人を置いていなくなった」とカンカンで、帰宅した母は、手をついて平謝りしたと言います。

同年6月、弟が生まれました。「母は母乳が出ず、私と兄で、学校に行く前に40分ほどかけてヤギの乳をもらいに行きました」

終戦から3カ月。父が軍から戻り、家族は東京・小石川の職員住宅に住むことになりました。バラックの粗末な住まいだったため、姉は福島に残ることになりました。母方の祖母は福島で亡くなっており、一家全員で再び暮らせるようになったのは、戦後5年がたったころでした。

板垣さんは言います。「母は人生を戦争に振り回され、本当に苦労しました。疎開した人の中には、空襲で孤児になった人もいるでしょう。戦争は、暮らしも心も破壊する。だからこそ、平和な社会を望んでいるんです。私たちの体験をみんなに知ってもらいたい」

（２０１８年9月14日付　仁田桃）

12 「大本営」発表を記事に――高橋三枝子さん

アジア・太平洋戦争のさなか、新聞記者をしていた高橋三枝子さん（95）＝北海道旭川市＝。侵略戦争を指導した戦争司令部「大本営」の発表をそのまま原稿にさせられました。日本軍が負けて撤退したのに「転進」、部隊が全滅しても「玉砕」と言い換え、戦意高揚をあおりました。

「終戦間近の正月、築地市場にカズノコなどの食材は十分あると書かされました。食料がなく、苦しんでいた庶民の生活の厳しい現実すら報じられませんでした」と告白します。

■実態知らせたい

1945年3月の東京大空襲。戦争遂行の国民動員組織「大政翼賛会」の指導のもとに置かれた町内会や隣組の役員が、「敵がまいたビラを読むな」と爆撃予告を無視したことが書けず、おびただしい犠牲者を出しました。

「報道要員」の腕章を24時間つけさせられました。「でたらめを書くな」とどう喝され、軍部や警察だけでなく、地域のすみずみまで戦争推進組織がつくりあげられました。

「戦争を体験してきた者として、戦争のひどさや怖さがよくわかります。だからこそ戦争の悲

戦意高揚をあおる戦時中の広告

高橋三枝子さん

惨さをいま、伝えたいのです」

広島、長崎とともに思いをはせるのは、沖縄です。一般住民を巻き込んだ唯一の地上戦で県民の4人に1人、20万人以上が命を奪われた「本土決戦の〝捨て石〟にされた島」と怒りを込めます。

表紙がぼろぼろになった一冊の本が枕元に置いてあります。『これが沖縄戦だ』。故・大田昌秀元県知事が編著に携わった写真記録集です。「凄惨《せいさん》で一度も読み通せていない」といいます。うそと偽りの「大本営発表」とはあまりにもかけ離れた戦争の現実。「どんな形ででもこの島を生き地獄に変えた沖縄戦の実態を知らせたい」と強い衝動にかられます。

■沖縄のやさしさ

高橋さんは、戦後打ち込んだ北海道の女性史研究で沖縄から講演を依頼され、沖縄を訪れて辺野古にもたびたび足を運びました。

「行くたびに沖縄の人たちの優しさに触れました。悲惨な沖縄戦をけっして忘れない人たちがどうしてこんなに明るいのかしら」。沖縄県民の命を軽んじた「大本営発表」を記事にした自分を責め、「戦後もずっと後悔の念がありました」。

昨年10月に入院した時、「いつペンを持てなくなるか」と不安に駆られ、ベッドで短歌を詠みました。12月までの3カ月間でつくった短歌は150首以上になりました。

今年3月、歌集を自費出版します。タイトルは『沖縄いまも戦場《いくさば》』。

1945年3月、米軍は「鉄の暴風」と呼ばれる激しい艦砲射撃と爆撃を沖縄に加え、慶良間《けらま》諸島に上陸を開始。日本軍は県民に「集団自決」（強制集団死）を強制し、肉親同士で「殺し合い」をさせました。

一枚の毛布に吾子《あこ》二人老親くくりて自爆せん慶良間島民何の科《とが》あり

3日間で米軍は慶良間を占領。大本営発表がよみがえってきました。

慶良間の全滅したる日　米軍いまだ上陸せずと大本営発表

8月、辺野古に基地を造らせないと命がけでたたかってきた翁長雄志《おながたけし》知事が逝去。すぐに沖縄の友人50人に手紙を送りました。

「悔しい気持ちは私も同じ。基地をなくすため、より団結を深めましょう。県知事選は〝弔い合戦〟です。翁長さんの強い思いが県民に伝わり、絆が強まっています。ぜひ勝利してください」

しかし、いままた多くのメディアが翁長知事の業績をまともにとりあげず、「大本営」の黒い影がダブって見えると憤る高橋さん。

「戦争への道は断じてくり返してはなりません」。力をふり絞ってしたためました。

歴史忘れたる者に未来なし　沖縄いまも戦場

（2018年9月18日付　北海道・土田浩一、名越正治）

13 インパール作戦生還、語らなかった父——品川文雄さん

アジア・太平洋戦争の中で最も無謀と言われたインパール作戦（＊）。9万人の将兵が参加し、ほとんどの日本兵が命を落としたとされています。手記『ビルマ追憶の記』（1991年）をつづった品川一郎さん（2004年1月死去、享年81）は、帰還できたわずかな兵士のうちの一人でした。

「父が生きて帰ってこなければ私は生まれることはありませんでした」。一郎さんの長男、文雄さん（68）＝東京都足立区＝は、こう語ります。

視力が弱かった一郎さんは42年、徴兵検査を受け第一乙種合格とされました。43年2月、召集令状が届き、召集日までにどうにか準備が整いました。

■「幾多の戦友が」

東京電灯（現東京電力）に勤めていた一郎さんは、陸軍の工兵隊に入隊。中国大陸に送られた後、同年8月にビルマ（ミャンマー）のラングーン（ヤンゴン）港に上陸。44年3月、インパール作戦が敢行されて、ミャンマー国境に近いインドのコヒマを目指します。

品川文雄さん

自身の家族のことをつづった一郎さんの手記には召集日写真などが収められています

「我々工兵隊は渡河を援助して、各部隊を渡らせる任務がある」と一郎さんは記しています。

幅が600メートルにも及ぶチンドウィン川を渡り、アラカン山系を進み、物資の運搬に車は使えないので、現地で徴発した牛に運ばせました。一郎さんは牛25頭と行動をともにする「駄牛部隊」の一員でした。衰弱して動けなくなった牛は殺し、その肉を食べました。コヒマに着くころには、わずか3頭に。

日本軍は3週間の短期決戦を想定し、ほとんど食糧は用意していませんでした。しかし、コヒマでの戦闘は2カ月続きました。

「食糧、弾薬ともに日を追って減っていくのが目立ってきた」「敵は一日弾丸数万発をも打ってくるのに対して、500発ぐらいでは戦いにならなかった」「幾多の戦友が敵の砲弾に倒れ、血潮で染めた5120高地を忘れることはできない、誰の為《ため》か、日本の為か」。手記につづられています。

その後、コヒマから撤退。傷ついた兵士の中には、「静かに山の陰で自分の命を絶ち、息を引き取る」人も多くいました。

食糧がない中で、英国軍が空から落とした補給用のバターやチョコレートなどを「ありがたく」食べたと一郎さんは書いています。

雨期に入ったコヒマからチンドウィン川までの退路は、「白骨街道」と呼ばれました。「伝染病の蔓延《まんえん》に、完全に日本軍は戦いに敗れた」と一郎さん。上流から流木といっしょに死体が浮き沈みしながら流れてくる中を船で渡りました。

■兵士を使い捨て

「日本軍は兵士を使い捨てにしていたことがよくわかります。一方で、無謀な作戦を命じた者は生きて帰っている。同時に地元ビルマの人たちにとっては、日本軍は侵略者だったはずです」と文雄さん。

ミャンマー内で地元住民の中に潜伏した一郎さんは、うわさで終戦の一報を耳にしました。間もなくして、天皇の終戦の詔勅が伝えられました。

一郎さんは英国軍を主にした連合国軍の捕虜となり、47年5月に自宅に戻りました。

文雄さんはいいます。

「父は一番つらかったことを語っていません。でも、夜中にうなされることが多かった。壮絶な戦争を体験すれば、死ぬまでその思いを抱えていかなければならない。若者が同じ体験をしないよう戦争は二度とさせない」

＊インパール作戦

連合国による中国への支援ルートを遮断する目的で、インド東北部のインパールへ侵攻する作戦。日本軍は3週間の短期決戦を想定していましたが、作戦中止を決定するまで4カ月かかり、その間、多くの兵士が命を落としました。

（2918年9月23日付　岩井亜紀）

14 人間魚雷「回天」積み出撃し戦死――安間慎さん、妙子さん

「父を探すことは、自分のルーツを探すことでもありました」。愛知県田原市の安間妙子さん（73）はこの20年間、夫の慎さん（76）とともに、戦死した父、近藤誠一さん＝当時（29）＝の足取りをたどってきました。

■手帳に日記を

誠一さんは1945年5月24日、人間魚雷「回天」5基を積んだ潜水艦「伊361」乗組員として山口県光市から出撃。同30日に沖縄県東方で米空母艦載機の攻撃に遭って沈没し、81人の乗務員は全員戦死しました。

誠一さんは出撃前、故郷の愛知県渥美郡赤羽根村（現田原市）に帰る4月17日から海軍手帳に日記を書き始め、いよいよ出撃の日の5月24日、その手帳に当時生後4カ月の妙子さん、妻、両親に遺書を書いていました。

「妙子へ。オ父チャンハ、センソウニユク。ハヤク大キクナッテオ母サンニ孝行シナサイ」「妙子ハオ父チャンヲシラナクトモ、オ父チャンハ妙子ヲシッテイル」「オ父チャンハ御艦カラ家ニ

安間慎さん、妙子さん

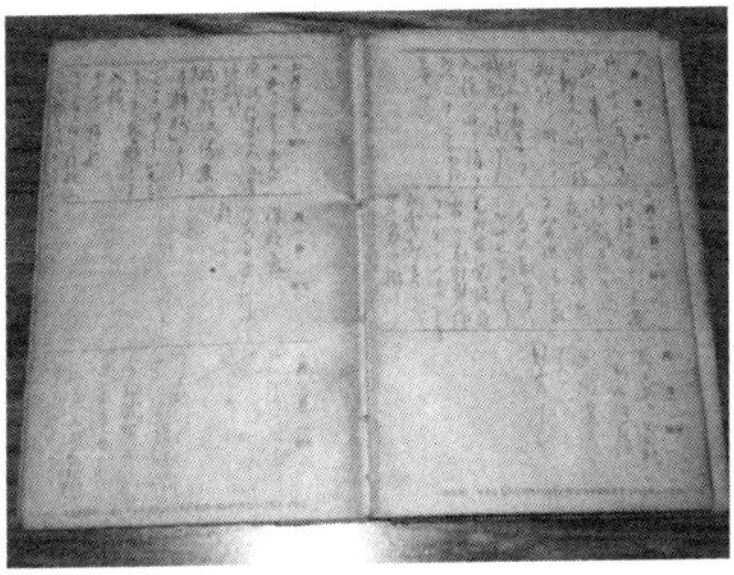

近藤誠一さんが残した海軍手帳

帰ルト妙子ヲ抱クノガ大好キデアッタ」

妙子さんが大きくなって字が読めるようになったら読んでほしい――。そんな思いから大きな字で、漢字を少なめに書いてあります。

妙子さんは父の記憶が全くありません。小学校の入学式の前日、初めて遺書を母が読んでくれました。母は今にも泣きそうで、そんな母を見るのがつらくて「遊びに行ってくる」と外に飛び出しました。それ以降、「私への遺書を話題にすることはありませんでした」と妙子さん。

そんな母に寄り添い、夫の慎さんが代わりに聞いてくれました。海軍手帳が母の手元にあった経緯もわかりました。手帳の最後にはこう書いてありました。

「光ヨリ出撃ス。其ノ際　本手帳ヲ基地員ニ託ス。モシ吾　帰ラズバ、愛知県渥美郡赤羽根村若見　近藤滝次方　近藤スエ子宛　御送付ヲ乞フ」

■「赤旗」を通じ

慎さんは今年5月、偶然母の引き出しから、託された父の遺書

（海軍手帳）を送りますと書かれた手紙と封筒を見つけました。差出人は、現在の山口県下関市に住む崎長市治さんという男性でした。

「あの時は戦争末期で、父たちは死を覚悟の出撃だということを知っていたと思います。だから父は、信頼できる陸上勤務の基地員、崎長さんに決死の思いで預けたのでしょう」と、妙子さんは声を詰まらせます。

慎さんは、この遺書には軍人ではない人間の本心が出ていると語ります。

「父をはじめ多くの戦争犠牲者の願いが、平和憲法とりわけ9条に実を結んだ。改憲を党是とする自民党政権のもと、73年の平和は、戦争の悲惨さを家族、地域、学校、集いなどで語り継いできたことが力になってきた。安倍首相が言う『73年の日本の平和は日米同盟・抑止力が働いたから』には絶対同意できません」

妙子さん、慎さんは海軍手帳を手に、戦争体験を語り継ぐ活動を続けるつもりだと話します。

「『赤旗』の『証言・戦争』シリーズで登場（本書１４８ページ）した、北海道室蘭市の大沢ユウ子さんの叔父は、父と同じ伊３６１の乗務員でした。私たちにとっては初めて乗組員遺族との交流が『赤旗』を通して実現しました。電話や資料の交換だけでなく、北海道地震のお見舞いもしています」

（２０１８年9月25日付　井上拓大）

あとがき

ことしの8月、日本の敗戦から74年を迎えます。国内外の戦争体験者は高齢になり、亡くなっている方も少なくありません。その記録を残すべく「しんぶん赤旗」の記者がアジア各地を含め取材して掲載した記事などが、この本の元になっています。

安倍晋三首相は、戦後70年談話のなかで、「あの戦争には何ら関わりのない、子や孫、その先の世代の子どもたちに、謝罪を続ける宿命を背負わせてはなりません」といいました。しかし、それは、2000万人のアジアの人々、310万人の日本人が犠牲になった侵略戦争を引き起こした日本の首相が、国内外に向けた談話でいうべき言葉ではありません。

日本の侵略戦争と植民地支配の実態は、74年たった今こそ、私たちの子どもから孫へ、将来の日本人へと、事実として実感できるように、しっかり引き継いでいかなければなりません。アジアの人々との相互理解、友好と友情を育てるには、過去に行った侵略戦争への認識と反省は、欠かせないものだからです。

日本軍の謀略事件で始まった「満州事変」を国際社会から非難されて孤立し、国際連盟を脱退、日独伊三国同盟を結び反ファッショ連合国とたたかい、イタリアやドイツが敗北してからも、最後まで戦争を続けました。その結果、沖縄戦、広島・長崎への原爆投下、各都市への大空襲などを招き、日本軍「慰安婦」、徴用工問題などの深刻な人権侵害を引き起こしたのです。

憲法第9条の改悪をねらう安倍政権の動きに、アジア諸国の人々が懸念し、批判の声をあげています。マレーシアで会った中学・高校生たちは、「ひいじいさんが日本軍に殺されたと、おばあさんから聞いた」「僕のおじいさんは、日本軍がくる、逃げろといわれてジャングルに隠れた」「昔のことだからと無視してはいけない。知ることが大事」と話していました。

本書が、日本とアジアの市民同士の交流を拡大する一助になれば、大変うれしく思います。

なお、文中で韓国・朝鮮、中国の人名は「しんぶん赤旗」の表記に基本的にしたがい、韓国・朝鮮の人名は現地での読みをカタカナで入れました。中国人名は、常用漢字以外の文字を含む場合のみ、読みをひらがなで入れました。

人物の年齢は「赤旗」掲載時のままです。複数の記者による執筆のため、歴史の記述が一部重複する場合がありますが、ご容赦ください。

収録した記事は、本吉真希（日曜版）、芦川章子、井上拓大、岩井亜紀、遠藤寿人、岡素晴、釘丸晶、栗原千鶴、名越正治、西口友紀恵、西沢亨子、仁田桃、原千拓、松浦裕輝、山沢猛（以上、日刊紙）、土田浩一（北海道）、藤原朱（青森県）の各記者が、デスクや整理記者との共同作業で執筆しました。小木曽陽司編集局長、近藤正男次長の三・一独立運動への「赤旗」の連帯についての文章も掲載しました。本書発行のためにご尽力をいただいた、新日本出版社の久野通広さんには心から感謝します。

執筆者を代表して　山沢　猛

◎表紙カバー写真
独立を求めてデモ行進する女性たち
（＝歴史教育者協議会編『歴史を生きた女性たち』第3巻〈汐文社〉から）

韓国《かんこく》・朝鮮植民地支配《ちようせんしよくみんちしはい》と日本《にほん》の戦争《せんそう》——三《さん》・一独立運動《いちどくりつうんどう》100年《ねん》から考《かんが》える

2019年 8月 15日　初　版

編　者　赤旗編集局
発行者　田所　稔

郵便番号　151-0051　東京都渋谷区千駄ヶ谷4-25-6
発行所　株式会社　新日本出版社
電話　03（3423）8402（営業）
03（3423）9323（編集）
info@shinnihon-net.co.jp
www.shinnihon-net.co.jp
振替番号　00130-0-13681

印刷・製本　光陽メディア

落丁・乱丁がありましたらおとりかえいたします。

ISBN978-4-406-06368-5 C0031　Printed in Japan